기업 설립 후 재무관리, 인사관리, 제품·서비스관리, 마케팅,
경영관리 등 각 부문에서 발생되는 문제와 속시원한 해결방안 제시

초보사장 창업 성공에게 길을 묻다

기업 설립 후 재무관리, 인사관리, 제품·서비스관리, 마케팅,
경영관리 등 각 부문에서 발생되는 문제와 속시원한 해결방안 제시

초보사장 창업 성공에게 길을 묻다

1판 1쇄 인쇄	2014년 6월 16일
1판 1쇄 발행	2014년 6월 20일
지은이	장대균
발행인	조헌성
발행처	(주)미래와경영
편집인	정도환
디자인	디자인 화
ISBN	978-89-6287-149-4　13320
정　가	15,000원

출판등록	2000년 03월 24일 제25100-2006-000040호
주　소	(152-724) 서울특별시 구로구 디지털로26길 61 에이스하이엔드타워 2차 803호
전화번호	02) 837-1107　　팩스번호　02) 837-1108
홈페이지	www.fmbook.com　　이 메 일　fm@fmbook.com

이 책에 실린 모든 내용, 디자인, 이미지, 편집 구성의 저작권은 지은이와 (주)미래와경영에 있습니다.
이 책은 대한민국 저작권법에 따라 보호되는 저작물이므로 무단 전제와 복제, 전송, 판매를 하실 수가 없습니다.
책 내용의 일부 또는 전부를 이용하려면 반드시 저작권자와 (주)미래와경영의 서면 동의를 받아야 합니다.
Copyrights ⓒ 2014 by Miraewagyungyoung Co. Ltd.
(152-724) 803ho Ace High-end tower2, 61, Digital-ro 26-gil, Guro-gu, Seoul, Korea.
All rights reserved. The First Published by Miraewagyungyoung Co. Ltd. in 2013. Printed in Seoul, Korea.

이 도서의 국립중앙도서관 출판시도서목록(CIP)은 서지정보유통지원시스템 홈페이지(http://seoji.nl.go.kr)와
국가자료공동목록시스템(http://www.nl.go.kr/kolisnet)에서 이용하실 수 있습니다.
CIP제어번호 : CIP2014015823

초보사장 창업 성공에게 길을 묻다

기업 설립 후 재무관리, 인사관리, 제품·서비스관리, 마케팅, 경영관리 등 각 부문에서 발생되는 문제와 속시원한 해결방안 제시

장대균 지음

미래와경영

프롤로그

'돈'을 벌기 위한 행위과 노동 그리고 창업자의 경영 의지

기업은 언제부터 시작된 것일까?

아마도 태고적 수렵생활과 농경생활을 하던 인류는 물물교환이라는 대단한 발견을 하게 되었을 것이다. 시간이 흘러 물물교환을 뛰어넘어 좀 더 편하고 안락을 생활을 추구하게 되자, 대량 생산 또는 전문가 생산이라는 방식을 통하여 기업이 시작되었을 것이다.

기업을 방문하여 역사와 성장을 파악해 보고 미래를 유추해 볼 때마다 가끔씩 이런 질문을 떠오르게 한다.

기업을 경영하는 경영자들에게 '당신의 기업은 무엇에 대해, 무엇을 가지고 사업을 영위하고 있습니까?'라고 물으면 선뜻 대답해 주는 사람이 별로 없다. 대부분 몇 초간의 망설임 끝에 '그냥 먹고 사는 거죠.'라며 웃는다.

인간은 생존을 위하여 필수적으로 노동을 해야만 한다. 물론 노동의 강도는 생존의 형태에 따라 다르다.

천연자원이 많고 일차적인 먹거리를 해결한 지역에서는 노동의 강도는 낮을 것이다. 그러나 우리가 살고 있는 이 땅은 그리 넉넉지 않은 천연자원과 그리 풍부하지 않은 자연의 산물 밖에 없는 곳으로 우리는 엄청난 강도의 노동을 할 수 밖에 없다. 심지어는 노동이 즐거워지는 경험을 할 정도로 친숙하게 된다.

생존을 위한 노동의 대가는 바로 '돈'이다.

생존을 위한 '돈'. 그것이 우리들 노동의 결과이다. 직업을 학문으로 다루는 영역에서는 노동의 목적은 '돈'의 획득과 자기실현 및 사회 공헌이라고 하고 있다.

이제 우리는 다른 부분은 밀쳐 두고 오로지 '돈'을 벌기 위한 활동에 국한한다.

돈을 벌 수 있는 방법은 무엇이 있을까를 먼저 생각해 보자.

우리는 대학교를 졸업할 즈음에 자연스럽게 취직이라는 생각을 하게 된다. 누가 말하지 않아도 모두 취직을 생각하고 준비에 돌입한다. 어떤 경우에는 업종도 그다지 고려하지 않는 것 같다. 취직, 취업과 창업은 그 의미부터 다르다.

　취직(就職)과 취업(就業) : 직업을 얻어 직장에 가는 것
　창업(創業) : ①나라를 세움 ②사업을 처음으로 시작하여 기초를 세움

　위 2가지의 의미에서 중요한 것 한 가지를 생각하여야 한다.
　우리가 흔히 사용하는 취업은 기존에 있는 일거리를 확보했다는 말이다. 그러나 창업은 전혀 다르다. 창업은 단어의 의미에서도 알 수 있듯이 나라를 처음 세우는 의미. 그러니까 세상에 없던 새로운 것 하나를 만들어내는 고통이 창업이다.
　그러나 우리는 불행하게도 고등학교를 지나 대학교를 졸업하고 심지어는 그 이후의 교육과정에서도 돈 버는 방법을 배우지 못했다. 모든 교육 과정은 '돈'과는 상관없는 학문적 지식을 전달하기 위해 구성되어 있다. 물론 학문적 지식이 바탕이 되지 않으면 돈을 벌 수

없다는 사실에는 동의한다. 그러나 학문적 지식 외에 실용적 지식을 배운 적이 없다는 것도 사실이다.

실제로 대학을 졸업하고 취직에 성공한 젊은이들은 취직과 동시에 일을 할 수 없다. 기업체의 교육 담당자들의 말을 빌리면 4년제 대학을 졸업한 인재들인데 도대체 서류 한 장을 못 만든다며 교육 현실의 문제점을 토로한다. 그 말을 하는 자신도 똑같은 교육을 겪어 왔으면서 말이다.

세상에서 버틸 수 있는 공부. 그것은 과연 누구의 몫인가?

스스로 알아서 살아가야 할 우리의 업보일까, 아니면 학문적 지식과 실용적 지식을 선택하고 그것을 전달해야 할 교육계의 일인가?

이제부터 새로운 일을 시작하는 사람들이 배워야 할 실전의 문제를 생각하고 전달하고자 한다. 그것이 비단 책에 없을지라도 먼저 창업을 한 경영자들이 겪었던 문제가 바로 지금 창업하는 우리에게 닥칠 수 있음을 알아야 한다.

차례

프롤로그 4
차례 8

제1장 창업, 어디서 어떻게 시작해야 하나

01 창업해서 성공하지 못하는 이유는 도대체 무엇인가? 14
02 개인회사와 법인회사의 차이는 무엇인가? 21
03 회사를 설립하는 단계는 어떻게 진행되는가? 24
04 창업 기업의 자금 운영 계획을 수립하는 방법은 무엇인가? 36
05 창업 시에 매출액 규모를 어떻게 예상하는가? 41
　　초보 사장의 경영 이야기 - 갑자기 주문이 많아지면 좋아해야 할까? 44
　　초보 사장의 경영 이야기 - 사장은 인복이 있어야 한다 46
　　초보 사장의 경영 이야기 - 성장의 타이밍 50
　　초보 사장의 경영 이야기 - 성장을 위한 대안 51
06 비전과 목표를 명확히 하는 방법 58
07 전쟁에서 이기는 전략이란 무엇인가? 63

제2장 기업의 경영전략과 목표를 설정한다

08 이제 창업했는데 경영전략이 필요할까? 68
09 경영목표를 세우는 방법은 무엇인가? 71
  초보 사장의 경영 이야기 - 경영자의 목표가 기업의 목표가 된다 74
10 사장도 시간 관리를 해야할까? 87
11 낭비되는 시간을 돈으로 바꾸는 방법 91
12 시간 관리표를 작성해 보자 96
  초보 사장의 경영 이야기 - CEO에게 주어진 시간 99
13 한 개의 아이템에 올인하는 것과 신제품을 만드는 것 115

제3장 매출을 올려서 성장의 발판을 마련한다

14 매출을 성장시키는 방법은 무엇인가? 122
15 시장 변화에 대처하는 아이템은 무엇인가? 125
　　초보 사장의 경영 이야기 - 창업 아이템 선정은 정말 중요하다 127
16 생산 능력과 최대 매출액은 어떤 관계일까? 141
17 창업자금 회수 기간은 알아야 하는 것인가? 144
18 효율적인 공간 활용법은 무엇인가? 146
　　초보 사장의 경영 이야기 - 생산능력 확장과 투자금 회수기간 148
19 종업원의 채용과 관리가 너무 어렵다 159
20 업무는 교육이 아니라 훈련이 필요하다 162
21 업무에 필요한 설명서를 꼭 만들어야 하나? 165
　　초보 사장의 경영 이야기 - 경영의 핵심은 사람이다 167
22 새로운 제품을 만드는 좋은 아이디어 어디 없나? 181
23 사장도 공부해야 합니까? 184
24 제품 개발을 위한 인프라를 구축하는 방법은 무엇인가? 187
25 쉽게 활용할 수 있는 개선 방법은 무엇인가? 190
　　초보 사장의 경영 이야기 - 경영의 미래를 말한다 192

제4장 계속 성장하는 기업을 만든다

- 26 회사의 규모가 커지면 이익도 커지나? 206
- 27 왜 우리 제품은 고객이 선택하지 않을까? 210
- 28 성장을 위한 M&A와 업무 제휴는 무엇인가? 214
- 29 성장 단계에서 CEO가 할 일은 무엇인가? 217
  - 초보 사장의 경영 이야기 - 성장을 말하다 219
- 30 새로운 제품을 계속 개발해야 하나? 233
- 31 제품이나 아이템을 확장하는 방법은 무엇인가? 236
- 32 수출 시장에 진출하는 것은 어렵지 않을까? 239
  - 초보 사장의 경영 이야기 - 성장은 새로운 길 위에 있다 241

에필로그 263

제1장

창업,
어디서 어떻게
시작해야 하나

01 창업해서 성공하지 못하는 이유는 도대체 무엇인가?

창업은 일을 잘 하는 것이 아니라 '돈'을 버는 것이다.

창업자에게 있어서 가장 큰 문제는 무엇일까? 어떤 이는 창업 자금이 문제라고 하고 어떤 이는 창업 아이템이 문제라고 한다. 창업 희망자들을 면담하면 공통적으로 느끼는 어려움은 대부분 창업 자금과 아이템 두 가지이다. 그러나 이러한 인식은 창업에 있어서 엄청난 문제를 야기한다. 문제란 현재의 수준과 내가 바라는 수준과의 차이를 의미한다. 문제 問題라는 글자를 풀어보자.

일단 문제의 문問자를 보자. 문門 사이에 입口이 끼인 형국이다. 옛날 저택에서 사용하던 나무 대문은 양쪽으로 열리고 닫히게 되어 있었는데 사람들이 문을 여닫을 때 흔히 손이나 발이 끼는 사고가 일어났다. 이를 본 사람들이 이 글자를 만들어 낸 것이 아닌가 생각된다.

그런 다음, 제題자를 보면 이번에는 머리頁를 들이밀어 올바르게를 가자는 것이다.

따라서 문제는 누군가 보고 알아야 한다. 앞으로 올바른 방향을 찾아야 한다는 것을 알 수 있어야 한다는 것이다. 어떠한 경우라도 문제라고 인식되지 않는 상황이라면 변화할 수 없고 발전할 수도 없다.

도요타 생산방식의 개선 10조의 마지막 10항에는 이런 내용이 있다.

"현재의 방법은 항상 개선의 대상이다."

이 말은 지금 우리가 하고 있는 일의 방법이나 업무 매뉴얼에 문제가 있다는 전제를 하고 개선해야 한다는 것이다.

기업의 CEO가 '우리 회사는 아무 문제가 없이 잘 돌아가고 있다'고 생각한다면, 그 회사는 이미 성장동력을 잃었다고 해도 과언이 아니다.

다음 두 개의 표를 보고 생각해보자.

우리아이 성적표

국어	영어	수학	과학
90	93	65	85

우리 아이는 중학교 2학년에 다니고 있는 사내아이입니다.
위의 표는 중간고사 성적표입니다.
우리 아이는 공부를 못하는 문제아 인가요?
무엇을 문제로 보아야 할까요?

우리아이 성적표

국어	영어	수학	과학
90	93	65	85

우리 아이는 중학교 2학년에 다니고 있는 사내아이입니다.
위의 표는 중간고사 성적표입니다.
우리 아이는 공부를 못하는 문제아 인가요?
저는 우리 아이가 서울대 의대를 가서 의사가 되기를 소망합니다.
나는 무엇을 해야 할까요? 무엇을 문제로 보아야 할까요?

첫 번째 표에서 문제를 인식할 수 있을까?

아이의 점수를 보면 수학이 65점으로 다른 과목에 비하여 상당히 낮은 것을 알 수 있다. 이 경우에는 아마도 보는 사람에 따라 의견이 나뉘게 될 것이다. 문제가 아니라고 할 사람도 있다. 공부야 잘할 수도 있고 못할 수도 있다.

이번에 두 번째 표를 보자. 문제가 있는가?

그렇다. 이를 본 대부분의 사람들은 문제라고 말할 것이다. 그렇다면 무엇이 문제인가? 표에 나타난 성적으로는 부모가 원하는 서울대학교 의과대학을 갈 수 없다. 서울대학교 의과대학은 모든 과목에서 거의 100점 수준이 되어야 하지 않을까? 과연 성적이 조금 떨어지는 학생의 문제는 무엇인가? 진짜 문제는 무엇일까? 진짜 문제는 바로 부모다. 애당초 아이의 성적과 상관없이 목표를 정한 부모의 욕심이 문제다. 이 경우 해결책은 아주 간단하다. 부모가 욕심을 버리면 모두가 행복해진다.

이런 경우 아이에게 수학 학원을 보내거나 과외를 시킨다고 해서 문제가 해결되지는 않는다.

문제를 정확하게 인지하고 알아내는 것이 문제 해결의 첫 번째 단계임을 잊어서는 안 된다. 문제는 성급하게 해결되는 것이 아니다.

사람들이 문제를 인식하게 된 계기는 바로 부모의 목표다. 첫 번째 표에서는 없었던 목표가 두 번째 표에서는 정해졌기 때문이다. 목표가 정해지지 않으면 어떤 경우라도 문제라고 정의할 수 없게 되는 것이다.

목표가 정해지지 않았다면 아직 창업할 때가 아니다.

문제를 파악하는 방법에는 어떤 것이 있을까?

문제를 인식하는 것은 문제 해결의 첫 번째 단계이면서 가장 중요한 부분이다. 문제를 명확하게 정의하지 못하기 때문에 해결책이라고 내놓는 것들이 실제로는 효과가 없는 경우가 허다하다.

문제를 올바르게 인식하는 방법은 바로 눈으로 직접 보는 것이다. 데이터를 이용하든지 발생한 현상을 찾아보든지 어쨌든 직접 눈으로 보고 파악하는 것이다.

문제를 인식하기 위한 필수적인 일은 3현現이다. 3현이란 현장現場에 가서 현물現物을 보고 현상現像을 파악하는 것이다.

많은 CEO들이 문제가 발생했을 때 책상에서 내용을 파악한다. 담당자가 문제 현황을 파악하여 보고서를 작성하고 대책에 대한 결재를 기다리는 사이에 문제는 점점 더 커진다.

'마이클 레빈'이 주장한 '깨진 유리창의 법칙'흐름출판, 2006년이 있다. 깨진 유리창을 발견하더라도 그 정도쯤이야 하고 생각하는 바람에 문제가 커져서 결국 봉변을 당하게 된다는 법칙이다.

이러한 주장은 눈사람 만들기에 비유할 수 있다. 눈사람을 만들 때 처음부터 큰 눈덩어리를 만들 수 없다. 작은 눈덩어리를 뭉친 다음 굴려서 점차 크게 만드는 것이다.

그러므로 가장 중요한 점은 '모든 일은 문제를 가지고 있다'라고 생각하고 관찰하는 것이며, 문제라고 인지되는 순간에 적극적으로 현장에 가서 현물을 확보하여 현상을 파악하는 노력을 기울여야 한다.

문제가 생겼다는 것은 기분 나쁜 일이다. 예로부터 임금은 자신이 듣기 싫어하는 말을 하는 신하를 역적으로 몰아갔다. 그러나 그 사람들이 진정한 충신이었다는 것이 나중에 밝혀진다.

CEO도 마찬가지다. 회사의 규모가 커지고 스스로가 CEO인걸 자각하는 순간에 주위에는 좋은 말을 하는 사람들만 남는다. 아무도 우리 회사에 문제가 있다고 말하지 않는다. 문제가 있으나 CEO가 알기 전에 다 처리했다고 말하며 머리를 숙인다. CEO는 기뻐한다. 이렇게 유능한 사람들이 곁에 있음을 감사한다. 그러나 자신의 눈으로 보지 않은 것은 진실이 아니다.

현장을 떠나 있는 경영자는 경영을 하는 것이 아니다

CEO는 먼저 문제를 발견하고 그에 대한 해결책을 고민하여야 한다. 차라리 회사의 문제점을 찾아내서 해결책을 고민하는 직원이 있다면 그와 함께 점심을 먹어라. 골프장에서 네트워크를 만들어가는 다섯 시간보다 문제를 해결하려는 직원과의 한 시간이 훨씬 값지다.

문제는 항상 있다. 그러나 문제를 어떻게 인식하느냐에 따라 해결 방법이 달라진다. 기업에서 일어나는 일들은 크게 네 가지로 구분할 수 있다. 재무관리, 인사관리, 제품·서비스 관리, 마케팅이다.

4요소는 경영에서 관리해야 할 중요한 포인트이기도 하다. 기업의 모든 문제는 대부분 네 가지 카테고리에서 일어난다. 따라서 우리가 주목해야 할 것은 각 부분별로 나타나는 문제의 현상과 원인, 해결책에 대한 정확한 분석이다.

경영의 4요소에 대하여 얼마나 알고 있습니까?
4요소 중 적어도 한 가지는 90% 이상의 지식과 정보를 가지고 있어야 합니다. 나머지 요소에서 사용하는 용어도 이해할 수 있어야 합니다.
스스로를 평가한다면 몇 점입니까?

경영의 요소와 관련된 항목은 그림과 같이 나타낼 수 있다.

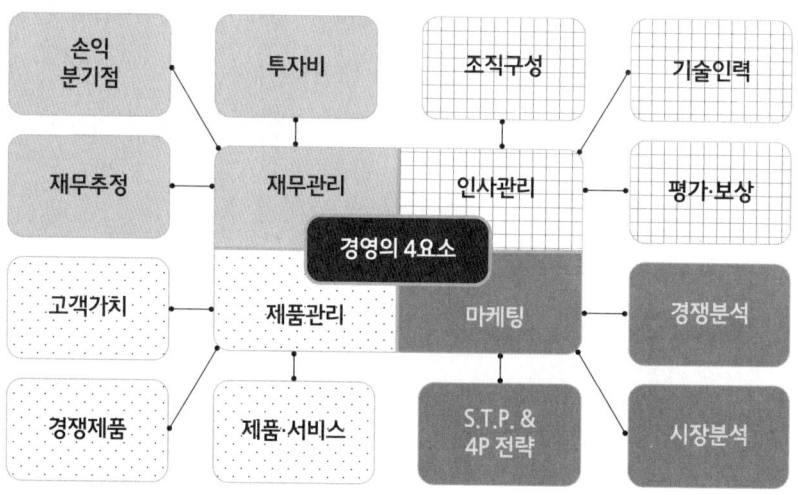

기업에서 일어나는 대부분의 문제가 그림에서 보는 항목들에서 일어난다. 이런 문제는 창업기업뿐만 아니라 현재 성장하는 기업에서도 나타날 수 있다.

여기서 문제라고 정의하는 것은 문제는 인식하고 있으나 해결하지 못하는 모든 일이 대상이 된다. 이것은 문제에 대한 명확한 원인 분석이나 이전에 실행했던 해결책에서 나타난 실패 사례를 명확하게 검토하지 않았기 때문이다.

 문제의 현상에 따라서 원인은 여러 가지로 구분될 수 있고 때에 따라서는 복합적인 원인에 의하여 문제가 나타나는 경우도 있다. 이런 경우에는 당연히 모든 원인을 제거해야만 문제가 해결된다.

 기업에서 발생한 문제 현상을 파악하고 원인을 제거할 수 있는 적절한 활동을 하는 것이 성공적인 경영을 하는 길이다.

 우리는 창업 후에 일어날 수 있는 문제들을 사전에 파악하고 대비함으로써 실제로 겪게 되는 어려움을 줄일 필요가 있다. 문제는 시간과 돈의 낭비를 가져오기 때문이다. 빠른 시간 내에 문제를 해결함으로써 경쟁에서 이기고 궁극적으로 영속하는 기업으로 성장할 수 있는 밑거름을 만들어야 한다.

02 개인회사와 법인회사의 차이는 무엇인가?

> 창업하려는 사람이 회사의 형태에 대해서 모른다면
> 진정한 예비 창업자라고 할 수 없다.

창업을 생각하는 사람에게 "개인회사로 창업하실 겁니까? 법인회사로 창업하실 겁니까?"라고 물으면 이런 대답이 돌아온다.

"두 가지에 어떤 차이가 있나요?"

창업을 함에 있어서 기업의 형태와 규모에 따라 법이나 제도적으로 유익한 방향으로 진행하여야 한다. 그러나 실제로 이러한 차이를 명확하게 알고 있는 창업자가 드물다. 많은 교육 기관에서 창업 교육이나 실무 훈련 등을 통해서 알려주고 있지만 창업자의 관심이 대부분 자금과 아이템 선정에 집중되어 있어서 정작 중요한 포인트를 못보고 지나치게 되는 것이다.

개인기업은 개인이 출자해서 설립하는 기업을 말하는데, 설립 절차가 간단하고 운영이 쉬워서 자영업이나 소규모 사업자들은 대부분 개인 기업으로 사업자 등록을 한다.

법인기업은 형태에 따라 주식회사, 유한회사, 합자회사, 합명회사 등으로 구분할 수 있는데 형태별로 차이점은 다음과 같다.

항목	주식회사	유한회사	합자회사	합명회사
정의	주주의 출자로 설립되며, 주주는 보유한 주식의 인수가액 한도 내에서 책임을 짐	사원의 출자에 의한 자본금을 기초로 설립되고, 각 사원은 그 출자금액의 한도 내에서 책임을 질 뿐 회사채권자에 대해서는 책임을 지지 않음	무한책임사원과 유한책임사원으로 구성된 회사로서 무한책임사원은 회사의 채무에 대하여 연대하여 무한의 책임을 지고, 유한책임사원은 출자금액의 한도 내에서 책임을 짐	무한책임사원으로 구성된 회사로서 각 사원은 회사의 채무에 대하여 연대하여 무한의 책임을 짐
설립 행위	발기인이 정관을 작성하여 공증인의 인증을 받은 후 출자의 이행을 완료 후 설립등기	2인 이상 50인 이하	무한책임사원 1명, 유한책임사원 각각 1명 이상이 정관을 작성하여 설립등기	2인 이상의 사원이 공동으로 정관을 작성하여 설립 등기

개인회사와 주식회사는 설립 절차부터 완전히 다르며 업종에 따라, 회사의 형태에 따라 혜택이 다르므로 창업할 때 유의해야 한다.

또한, 창업기업과 계속 기업을 구분하는 규정에 대해서도 알아야 한다. 예를 들어, 아버지가 세운 기업을 아들이 이어 받고자 할 경우 상속세를 내야 한다. 이를 피하기 위하여 아버지 회사를 폐업하고 같은 자리에서 다시 아들이 사업자 등록을 한다면 이는 창업기업일까? 아니다. 동일한 위치에서 동일한 아이템으로 사업을 다시 시작하는 경우에는 계속 기업으로 본다.

기업의 형태에 따른 장단점을 살펴보자.

구분	개인기업	법인기업	비고
장점	• 기업 활동의 자유 • 이윤이 개인에게 돌아옴 • 세무 관련 업무가 다소 용이함	• 소유와 경영의 분리 • 자본금 확보가 용이 • 업종에 따라 법인기업의 지원 사업이 많음 • 기업의 영속성이 높음 • 대표자 급여 및 비용 처리가 투명함	
단점	• 자본 조달의 어려움 • 자금 관련 무한 책임 • 매출 규모가 커지면 세금이 증가함	• 기업주의 활동이 제약 • 지분에 따른 이익 분배 • 자본 운영, 세무관리 등의 법적 요건이 복잡함	
세제 관련	• 소득세법에 따라 종합소득세 부가 • 필요 경비의 처리가 어려움	• 법인세법에 따라 법인세 부과 • 주주는 배당소득에 따른 소득세 과세 • 비용의 손비 처리 가능	

03 회사를 설립하는 단계는 어떻게 진행되는가?

창업할 기업의 규모나 아이템에 따라 개인기업 또는 법인기업으로 기업의 형태가 결정되었다면 이제부터는 실제로 기업을 등록하는 일을 해야 한다.

기업은 업종과 업태에 따라 설립하는 절차에 다소 차이가 있으나 대부분의 순서는 다음과 같다. 단, 자신의 업종에 따라 추가되어야 하는 부분이 있으므로 유의해야 한다. 책에서는 보편적인 업종을 예시하였으므로 특수한 업종의 경우에는 필히 각 업종별로 법적인 요건을 검토하고 진행하여야 한다.

구분	개인기업	법인기업	비 고
사업자 등록 절차	• 사업장이 있는 관할 세무서에 사업자 등록으로 가능 • 별도의 자본금이 필요없음	• 참여하는 주주들이 공동으로 법인 설립 절차를 먼저 진행 • 법인 설립 신고는 법원에서 하며 법인등기부등본을 사업자 등록을 하는 관할 세무서에 제출하여야 함	• 1인 법인기업도 가능함 • 법인기업의 자본금은 기준이 없으나 5백만 원 이상으로 설립하는 경우가 많음
사업자 등록 방법	업종별 인허가 사항이 없는 경우 관할 세무서 민원실에 사업자등록 신청서 작성 후 접수	본점 소재지 관할 세무서에 법인설립신고 및 사업자등록 신청서 제출	
재무 관리 운영 방법	• 개인에 의하여 운영되므로 이익배분 및 자금을 대표자가 운영할 수 있음 • 소득세법의 적용 • 결산은 1월 1일부터 12월 31일까지임 • 소득세 신고는 1년에 1회 진행함	• 주주들에 의하여 공동의 의사결정이 이루어짐 • 결산시 일간신문에 대차대조표를 공고하여야 함 • 법인세는 법인세법에 의하여 정해지며 회계기간은 회사에서 정함	
기업 운영상 특이 사항	• 회사의 규모가 크지 않을 때 운영이 용이함 • 회사의 정보를 공개하지 않아도 됨 • 대표는 채무에 대하여 무한 책임을 지고 변재하여야 함 • 세율 : 9~35%	• 대외 활동 및 신용관리에 있어서 유리함 • 자본 조달시에 주식의 양도 및 신주 발행 등을 통하여 자본 조달이 용이함 • 법인세율 : 15~27%	회사의 규모가 커지면 세율 측면에 있어서는 개인기업보다 법인기업이 유리하다.

■ 개인기업과 법인기업의 차이

개인 기업 사업자 등록 절차	
아이템 선정	• 시장성 파악 및 트렌드 분석을 통한 시장 분석, 아이템 분석 • 부가가치세 과세업종인지 아닌지 확인
사업장 확보	• 사업장 확보시에 임대차 계약서 작성 • 아이템에 따라 사업장의 규모 및 입지 검토 • 상권 분석 정보 확보
영업 허가 (신고)	• 영업을 위하여 인가 혹은 허가가 필요한 경우 관련 허가 신청 • 음식업, 호프집, 주류 판매점, 제과 베이커리, 학원, 교습소 등 해당 업종에 필요한 인·허가 확보 • 위생관련 업종은 위생 교육 참가

사업자 등록	• 사업을 시작한 날로부터 20일 이내에 관할 세무서 민원실에 사업자 등록 신청
	사업자 등록신청시 구비 서류
	(1) 사업자등록신청서 1부
	(2) 사업허가증·등록증 또는 신고필증 사본 1부
	   (허가를 받거나 등록 또는 신고를 하여야 하는 경우)
	(3) 임대차계약서 사본 1부(사업장을 임차한 경우)
	(4) 2인 이상이 공동으로 사업을 하는 경우에는 공동사업
	   사실을 증명할 수 있는 서류
	(5) 도면1부
	   (상가건물 임대차보호법이 적용되는 건물의 일부를 임차한 경우)
	• 사업자 등록증 상에 OOO 외 1인으로 등록하여도 가능함
	• 필요한 경우 현장 확인 및 관련 자격 검토 후에 사업자 등록증 발급
	• 인터넷 판매를 계획하는 경우 소재지 시,군,구청에 통신판매업 신고

영업 시작	• 전기 및 가스 사용은 한국전력 및 가스공급회사에 확인 • 프랜차이즈 및 인터넷을 이용한 공급망 관리 활용의 경우에는 인터넷 회선 확보 • 영업 전 15일전부터 플래그카드 및 전단지 등을 통하여 주변 상권 홍보 • 오픈 행사 준비 및 행사 기간 설정 • 영업 시작

■ 창업 절차 비교 : 개인기업

법인 기업 창업절차		
아이템 선정	• 개인기업과 동일	
사업장 확보	• 개인기업과 동일	
법인 설립	1. 발기인	주식회사 설립을 위하여 참여키로 한 사람들 ※ 발기인이 1인일 경우 1인 법인기업으로 설립
	2. 정관 작성	정관의 기개 사항은 다음의 항목을 포함한다. ①목적 ②상호 ③회사가 발행할 주식의 총수 ④1주의 금액 ⑤회사의 설립 시에 발행하는 주식의 총수 ⑥본점의 소재지 ⑦회사가 공고를 하는 방법 ⑧발기인의 성명 · 주민등록번호 및 주소 ⑨그 외 기업의 경영에 관련된 사항
	3. 정관 인증	회사의 설립을 위하여 작성된 정관은 공증인의 공증을 받아야 함
	4. 주금 납입	발행 주식과 발행가액에 따라 주주로 참여하는 사람은 서면에 의하여 인수하여야 하고 주금을 지정한 금융기관에 납입 ※ 현물 출자하는 경우에는 공인 기관의 감정평가를 실시하여 평가액으로 지분을 확보
	5. 이사(감사)	주금 납입 후 발기인회를 개최하여 이사 1인 이상, 감사 1인 이상을 선임
	6. 창립총회	이사와 감사 선임 후 주주 총회를 실시하여 대표이사 선임
	7. 법인설립	창립총회 후 본점 소재지 관할 등기소에 법인 설립 등기 신청 ※ 법무사나 다른 대리인으로 하여 신청을 할 경우 위임장 첨부
사업자 등록	• 사업자 등록 신청시 개인기업 등록시 필요한 서류와 함께 법인 등기부 등본, 정관 및 주주명부를 제출	

사업자 등록 이후의 절차는 개인기업과 동일함

■ 창업 절차 비교 : 법인기업

초보사장들이 자주 하는 질문

Q 직장에 다니는데 사업자 등록이 가능합니까?

A 재직자를 대상으로 하는 창업 강좌에 참석하는 많은 분들이 하시는 질문입니다. 직장에 근무하면서 창업한 다음, 수익이 발생하게 되면 퇴직하고 전업으로 일을 하려는 창업자들이 많다.

사업자 등록은 가능하다. 통신판매나 인터넷 판매를 하는 경우에는 통신판매업 신고도 함께 하여야 한다. 직장 근무와 관계없이 사업자 등록은 가능하며 소득세 정산시에 종합소득세 신고를 하면 된다.

그러나 창업자가 근무하고 있는 회사에서 직원의 겸업을 금지하는 경우도 있으니 근로 계약서를 확인한 후에 사업자 등록을 하여야 한다. 현재 근무하고 있는 회사와 연관성이 있거나 유사한 제품을 취급하는 기업을 설립하는 경우를 제한하는 회사도 있다.

Q 현재 개인회사로 사업자 등록이 있는데, 신규로 법인 사업자를 등록 할 수 있습니까?

A 법인사업자 등록이 가능하다. 법인 주주로 등재되면 대표이사로 선임할 수 있다. 사업자 등록에 있어서 중복 등록을 제한하지 않는다. 예를 들면, 현재 편의점을 운영하고 있는데 다른 곳에 식당을 개업하고 싶다면 사업자 등록을 할 수 있다.

Q 내가 운영하던 음식업의 가맹점을 내고 프랜차이즈업을 하고 싶은 데 어떻게 해야 합니까?

A 기존 운영하던 음식업의 사업자 등록증을 확인하고 업종 추가를 해야 한다. 기존에 교부받은 사업자 등록증에 포함되지 않는 업종이나 업태와 관련된 영업 행위는 할 수 없으므로 사업자 등록의 업종·업태를 추가하면 된다.

Q 개인으로 사업자 등록을 하여 운영하고 있는데 꼭 법인회사로 바꾸어야 하는지요?

A 법인회사로 굳이 바꿀 필요는 없다. 그러나 개인회사로 계속 운영하다 보면 매출액이 커지는 경우에 동일한 매출액의 법인 회사에 비하여 세금이 많이 부과되는 경우가 있다. 이는 세율의 차이에 의한 것이기 때문에 법인기업을 선호하는 경우가 많다.

또한 정부의 지원정책이 기업의 투명 경영을 장려하기 위하여 법인 형태의 기업에 우호적으로 평가되고 있다.

기업이 비용면에서도 법인카드 사용이나 세금 감면 등과 관련된 혜택이 있으니 기업의 형태는 충분히 검토하여 결정하여야 한다.

매출액 규모가 커질 것으로 예상되는 업종의 경우에는 처음부터 법인을 구성하여 사업자 등록을 하는 것이 효율적이다.

> 창업 절차는 개인사업자 등록이 간편하지만,
> 사업의 규모와 사업 영역에 따라 법인 기업으로 설립하는 편이
> 훨씬 유용할 때가 있다.

동업하면 결국은 모두 망한다던데

친한 사이일수록 동업은 하지 말라고 한다. 이는 동업 자체의 문제라기보다는 동업 후에 수익 배분이나 자금 운영의 문제가 더욱 큰 문제로 발생하기 때문이다.

식당을 창업하고 싶은데 혼자서는 창업 자금이 부족한 경우 동업은 필요하다. 이때 고려할 일은 사업자 등록은 공동 명의로 하고 수익 배분에 대한 규정을 협의하고 문서화하여야 한다. 동업 사업자 계약서는 공증을 받아서 내용을 확인하고 법적인 효력을 확보하도록 한다.

동업할 경우 가장 좋은 방법은 법인 기업을 설립하는 것이 바람직하다. 각자 자신의 투자금에 적절한 지분을 구분하여 법인을 설립한 다음 사업자 등록을 진행하면 이견이 발생하더라도 명확하게 처리할 수 있다. 이익 배분이나 수익 분석 등 지분에 대한 구분이 필요하기 때문이다.

만약 현재 개인사업자 등록을 하여 식당을 운영하는 경우, 친구와 프랜차이즈 회사를 설립하고 싶다면 이 또한 가능하다. 사업자 등록이 되어 있더라도 다른 기업의 대표이사나 주주가 될 수 있으므로 창업이 가능하다.

최근 프랜차이즈 형태의 기업들이 늘어나면서 투자금이 많이 필요한

매장에서는 투자자를 모집하여 법인을 설립하는 경우가 많다. 커피 전문점이나 대형 식당을 법인으로 설립하여 사업자 등록을 진행하는 것이다.

흔히 초보 사업자의 경우 개인사업자로 등록하면 다른 회사를 설립할 수 없다고 생각하는 사람들이 있는데 이는 제도에 대한 인식이 제대로 안되었기 때문이다. 개인기업의 대표자는 법인기업의 대표자 혹은 등기 이사를 겸임할 수 있다

> 동업은 나쁜 것이 아니다. '돈'에 대한 욕심이 문제다.

창업과 계속 기업을 구분해야 한다

창업기업을 지원하는 정책이 활발하게 추진됨에 따라 창업기업이 점차 증가하고 있으나 기존 사업을 영위하던 기업이 신규 창업을 하는 경우 창업에 해당되지 않는 경우도 많다. 창업 관련 금융 혜택이나 세제 혜택을 받으려는 생각으로 위장 창업을 시도하는 경우가 많은데 이는 기존 사업에도 좋지 않은 영향을 줄 수 있기 때문에 명확하게 하는 편이 바람직하다.

다음의 경우에는 창업으로 인정하지 않는다.

1. 타인이 경영하던 사업을 승계하여 이전에 하던 사업을 계속 하는 경우
2. 부모가 운영하던 회사를 폐업하고 동일한 장소에서 동일한 사업을 시작하는 경우

3. 폐업한 공장을 인수하여 동일한 사업을 계속하는 경우
4. 개인사업자를 폐업하고 법인사업자로 변경하는 경우
5. 공장 이전을 목적으로 폐업하고 다른 장소에서 동일한 사업을 하는 경우

그러나 기존 사업자의 경우라도 다음은 창업으로 인정된다.
1. 동일한 장소에서 사업을 하더라도 다른 업종의 사업을 시작하는 경우
2. 기존의 사업을 유지한 상태에서 다른 아이템으로 사업을 시작하는 경우
3. 기존 사업자에서 일부 조직 및 제품을 분할하여 사업을 개시하는 경우

> **창업 자금 운영은 사업의 성패를 결정하는 중요한 포인트다.**
> **외부 자금을 어떻게 활용할 것인가는**
> **경영자의 판단에 달려있다.**

개인 기업은 자본금이 많지 않으므로 바로 창업이 가능하지만 법인을 설립하는 경우 자본금을 납입하여야 한다. 자본금은 기준이 없으나 창업 기업의 창업 자금 조달 방법은 다음과 같이 구분할 수 있다.

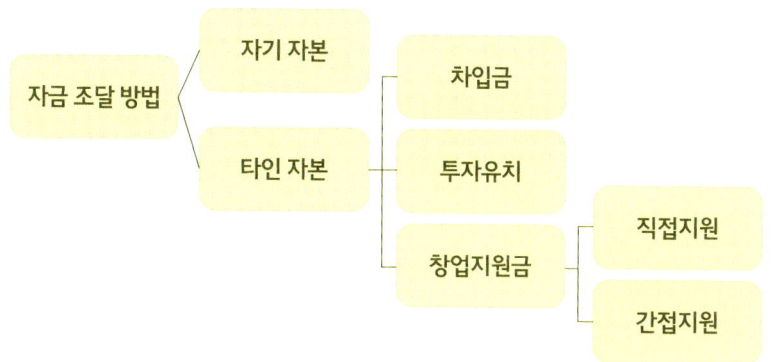

자기 자본은 말 그대로 창업자가 확보하고 있는 자금이다. 다른 말로 현금성 자산이라고 한다. 즉시 현금화 가능한 자산이 자기 자본이다.

타인자본은 차입금, 투자유치, 창업지원금 등으로 구분할 수 있는데 창업 단계에서 투입되는 경우도 있고 창업 후 지분 분할 등의 방법으로 투입되는 경우도 있다.

차입금은 금융기관에서 돈을 빌리는 것을 말한다. 돈을 빌리는 것은 담보를 제공하고 빌리는가 하면, 담보가 없어도 사업성이나 기술성을 기준으로 하여 신용으로 돈을 빌려주는 경우도 있다. 차입금은 금융기관마다 금리가 다르고 대출 상품에 따라 상환기간 등에 차이가 많으므로 세심한 검토가 필요하다.

투자유치는 외부의 투자자와 협상을 통하여 투자규모와 수익 배분, 투자금 회수 등에 관하여 결정하여 진행된다. 규모가 큰 기업은 사채社債, corporate bond 발행이나 프리보드, 중소기업전용주식시장코넥스 등을 이용할 수 있으며 벤처기업은 엔젤투자개인 투자가나 창업투자회사 등으로부터 자금이 투자되는 경우도 있다.

주의할 점은 차입이나 투자유치의 경우 상환이나 회수시기와 회사의 자금 운영 계획을 검토하여야 한다. 투자자와의 계약이 3년인 경우 계약기간이 끝나면 자금을 반환하여야 한다. 이때 회사에 자금이 없다면 어떻게 될까? 상환을 연기할 수 있다면 가장 좋겠지만 투자자 또는 투자기관에서 법적으로 대응한다면 심각한 문제를 초래하게 된다. 따라서 투자금이나 차입금의 상환 일정에 따른 자금 운영 계획을 별도로 수립하여 관리하는 것이 바람직하다.

창업지원금은 대부분 사업자 등록 후에 지원되지만, 예비 창업자에게 지원하는 경우도 있으니 확인해야 한다. 제품 개발이나 제품의 사업화를 위한 시제품 제작 등에 지원하는 직접 지원 자금이 있고, 마케팅 지원이나 상품 디자인 개선, 전시회 참가, 경영 및 마케팅 관련 컨설팅 지원 등으로 제품의 판매를 간접적으로 지원하는 자금이 있으니 이에 대한 검토가 필요하다. 창업지원금은 정책적으로 운영하는 자금으로 반환의무가 없이 무상으로 지원하는 제도와 개발 기술이 완료되면 기술료로 전체 지원금의 10~30%를 반환하는 제도가 있다.

제조업이나 벤처기업, 컨텐츠 개발 등의 IT산업, 원천기술 개발을 위한 R&D 자금, 시장이나 소상공인을 위한 자금 등 종류가 다양하고 활용범위가 넓으므로 항상 관심을 가지고 찾아 보아야 한다.

이러한 지원 자금은 필히 해당 기관의 담당자에게 문의한 다음 진행하여야 한다. 내가 만난 몇몇 CEO는 주위에서 사업을 하고 있는 CEO로부터 전해들은 얘기가 자신이 운영하는 기업에도 적용되는 줄 알고 있었는데, 확인해 보니 자격요건이 충족되지 않았다고 한다. 지원자금은 사업분야나 시기, 기업의 규모 등에 따라 다르므로 주관 기관의 담당자에게 문의하여 자격 요건이나 필요 서류를 준비하고 불필요한 비용이나 시간의 낭비가 없도록 하여야 한다.

> "사업하는 내 친구가 말하던데…"
> 정확하지 않은 정보는 시간과 돈을 낭비한다.
> 정책 자금 지원에 관해서 해당 기관의 담당자와 상의하라.

04 창업 기업의 자금 운영 계획을 수립하는 방법은 무엇인가?

경영에서 자금의 운영은 무엇보다도 중요하다. 누구나 알고 있는 이야기다. 그러나 이런 자금의 운영을 관리하는 초보 경영자는 극히 드물다. 대부분은 잘 몰라서 못하는 경우가 많다.

창업의 목적은 당연히 이익을 많이 내기 위함이다. 이제 이익을 내는 것만이 아니라 이익을 더욱 많이 내기 위한 방법을 찾아야 한다.

대체로 창업 후 6개월~1년 정도는 뭐가 뭔지도 모르면서 경영을 하게 된다. 그렇기 때문에 일어나는 문제 하나하나가 모두 처음 해보는 일이다. 이러한 문제를 해결하다보면 경험이 쌓이고 머지않아 경영의 고수가 되는 것이다.

자금 운영 계획을 수립하자.

첫 번째 해결해야 하는 문제는 자금 문제다. 지금 당장 할 일은 자금수지 분석이다. 도대체 우리 회사의 월 예상 지출은 얼마나 되며 예상 매출액을 기준으로 얼마의 이익이 남을 것인가를 계산하는 일이다. 원가 계산이 제대로 되어 있다면 예상 매출액 산정으로도 이익은 예측할 수 있다. 그런데 예상 비용은 제대로 예측하기가 어렵다. 워낙 변수가 많기 때문이다. 창업자는 자금 수지 예측을 위한 방법을 배워야 한다.

자금 운영 계획표를 이용하여 매월 지출하는 원가 및 판매관리비를 먼저 예측한다.

- 경상수지 : 기업의 영업활동에서 생기는 수입과 지출의 차액
- 수입 : 예상 매출액을 추정하여 적는다. 여기에 현재 미수금이나 어음을 받는 경우에는 결제 일자에 맞추어 기록한다.
- 지출 : 재료비, 인건비, 경비의 순으로 작성한다.
- 과부족액 : 수입과 지출을 확인하면 전체적으로 자금이 남거나 부족한 내역을 확인할 수 있다.
- 재무 수지 : 재무적 관점에서 지출과 조달의 차액
- 지출 : 기존 차입금의 이자 및 원금 상환 일정을 확인한다.
- 조달 : 필요한 경우 차입금을 조달하여야 할 지를 판단한다.

이렇게 간단한 한 장의 자금 계획표만 작성해도 1년 동안의 자금 현황을 파악할 수 있다. 예를 들면, 매출액의 증가에 따라 1년쯤 후에는 얼마의 자금이 필요한지를 예상할 수 있다. 그러면 CEO는 1년 후에 사용할 자금 규모를 파악하고 필요하다면 확보할 차입금을 미리 계산해서 융통할 방법을 계획할 수 있다.

자금운영 계획표를 작성하는 데 걸리는 시간은 경리업무를 전혀 모르

는 CEO의 경우 다소 오래 걸리지도 모른다. 자금 운영에 대해서 설명을 들은 창업자들은 관련 자료를 찾아서 하루 안에 작성했다. 첨부된 양식을 활용해서 자금운영 계획표를 꼭 만들어 보기 바란다.

경영에서 재무관리는 무엇보다도 중요하다. 자금을 확보하는 일은 아마도 모든 경영자들이 가장 많이 고민하는 일이다. 경영에 필요한 자금은 창업 초기에 정리하여 관리해야 한다.

> 자금 운영을 위한 재무 관리는 매우 중요하다.
> 다음 공식으로 부채비율을 계산해 보라.
> 부채비율 = 부채 총액 ÷ 자기 자본

대부분의 기업들은 차입을 통해서 자금을 조달한다. 차입처는 금융권이고 정책자금을 활용할 수도 있다. 은행에서 직접 대출을 받는 경우가 가장 많다. 또한 중소기업진흥공단에서 대출을 받을 수도 있고, 신용보증기금이나 기술보증기금 등에서 발행하는 보증서를 기반으로 대출을 받을 수도 있다.

그런데 문제는 차입금을 한없이 빌릴 수 없다는 데 있다. 차입금은 금융권이나 대출승인기관의 평가에 따라 가부를 판정하는데, 판정 요소를 잘 알아야 한다.

대체로 대출의 주체에 따라 평가 요소가 다르다. 개인기업은 대표자 개인의 담보 능력이나 기술력, 매출액 규모 등을 근거로 해서 평가하고,

법인 기업은 대표이사 및 주주들의 신용도 및 법인이 보유한 부동산이나 설비 등에 대한 담보 현황을 파악하여 평가한다. 이때 공통으로 평가하는 것이 부채비율이다.

부채비율은 부채 총액을 자기 자본으로 나눠서 계산하는데 이 부채비율은 100% 이하가 가장 이상적이다. 100% 이하라는 의미는 자기 자본으로 빌린 돈을 갚을 능력이 있다는 의미이므로 안정적인 자금 운영을 하고 있다는 의미이고 기업의 위험도도 낮다. 그래서 부채비율이 200%를 넘어가면 대부분의 신용기관에서 대출을 받기가 상당히 어렵다. 흔히 이러한 부채비율에 대한 가이드라인은 업종별로 규모별로 다르다. 해당 기관의 평가 기준을 확인하여야 한다.

경영자는 항상 부채비율에 대한 관리를 해야 한다. 매장의 확대 혹은 자재 확보 및 운전자금 등의 필요에 따라서 적절한 시기에 차입을 일으키거나 자금이 생기면 기한 내에 차입금을 상환하는 것이 기본적인 자금 운영이다.

경영 자금 차입을 위한 기관	
시중 은행	대출을 받는 경우에는 이자율과 상환 조건을 꼭 확인한다.
기술보증기금	기술력을 보유한 기업의 경우 자금 활용을 지원한다.
신용보증기금	기업의 신용도를 심사하여 대출을 지원한다.
신용보증재단	성장 잠재력이 있는 소기업, 소상공인의 채무를 보증한다.
소상공인진흥원	소상공인을 위한 정책자금을 지원 및 운영한다.
중소기업진흥공단	중소 제조업의 정책 자금을 지원 및 운영한다.
지방자치단체의 경영 안정자금	지방에서 경영하는 사업체에 자금을 지원한다.

자금 운영계획표

(단위:천원)

항목				최초 /	+1개월 /	+2개월 /	+3개월 /	+4개월 /	+5개월 /	+6개월 /	3분기 /	4분기 /	합계
경상수지			이월금액										
			예상 매출액										
	수입	매출액	현금매출										
			외상매출금회수										
			소 계										
			잡 수 입										
			합 계										
	지출	매입액	원재료현금매입										
			설비현금매입										
			외상매입금지급										
			임차보증금										
			소 계										
			급 여 지 급										
			경 비 지 급										
			과부족액										
재무수지	지출		차입금상환										
			이 자 지 급										
			합 계										
	조달		차입금조달액										
			투자(증자)조달액										
			합 계										
			과부족액										
			차월금액										

05 창업 시에 매출액 규모를 어떻게 예상하는가?

 창업을 준비 중인 사람에게 매출액 규모를 예측하도록 하는 이유는 두 가지다. 실제 매출 규모에 대한 객관적인 시각을 갖도록 하는 것과 목표 수준을 세우도록 하는 것. 매출액 규모를 예상하는 것은 경영의 안정성을 확보하기 위해서 매우 중요하다. 구체적인 매출액 규모기 설정되어야만 이를 달성할 수 있는 설비 능력이나 매장 면적공장 면적, 인력 등에 대한 검토가 가능하기 때문이다.

> 매출액 예측과 경영 전략은 연계되어 있다.
> 주문이 아무리 많아도 대응 능력이 없으면 소용이 없다.
> 한 번 잃은 신뢰는 회복이 불가능하다.

 매출액 성장을 위하여 기업에서 모든 제품을 직접 생산해야 한다는 기준은 없다. 주문을 받았음에도 불구하고 생산 능력이 부족하거나 자금 확보가 어려운 경우에는 OEM 등의 생산 방식 변경이나 생산 능력 개선을 검토하여야 한다.

 만약 베이커리 카페를 운영한다고 가정하자. 베이커리 카페의 매출은 어떻게 예측하여야 할까? 베이커리 카페나 음식점 등의 점포 운영의 경우에는 매장 면적과 테이블 수, 좌석 수, 고객 회전수, 1인당 소비 금액 인당 객단가, 영업시간 등을 기준으로 매출액을 예상할 수 있다. 제조기업의 경우에는 기업이 보유하고 있는 설비의 생산 능력과 고객으로부터 확보한 수주 금액과 향후 영업 활동을 통하여 예상되는 추가 판매량을 근거하여 매출을 추정할 수 있다.

 어떤 경우라도 검토하여야 할 것은 기업이 보유하고 있는 생산 능력이다. 베이커리 카페의 오븐 용량은 전체 생산량을 결정하는 주요 요인이다. 아무리 많이 판매하고 싶어도 오븐에서 제품이 만들어지지 않는 이상 더 이상의 매출은 불가능한 것이다. 제조기업의 경우에는 자사의 설비로 생산 능력이 없는 경우나 현재 해당 설비를 보유하지 않아서 생산이 불가능한 제품이라도 외부의 협력기업과 연계하여 제품을 생산할 수 있는데 이를 주문자상표 부착방식, 즉 OEM 생산방식이라고 한다.

 흔히 외주 생산이라는 주문자상표 부착방식 OEM :original equipment manufacturing 은 다른 기업에서 자사의 제품을 대신 생산하는 것이다. 미국의 애플사는 대부분의 제품을 중국을 비롯한 세계 여러 곳에 위치한 기업에서 생산하고 있다. 신발 메이커인 나이키도 자체 공장 없이 생산체제를 운영한다.

 모든 제품을 사업자가 직접 생산해야 한다는 생각은 위험하다. 생산량을 늘리기 위해 설비를 구입하거나 인력을 추가로 채용한 후에 생산된 제품이 시장에서 판매가 잘 이루어진다면 더할 나위 없이 좋을 것이다. 만에 하나라도 판매가 제대로 되지 않고 재고로 남는 경우에는 투자금을 회수할 방법이 없어진다. 이러한 경영 방법은 매우 위험한 것이므로 일단 외부 생산시설을 이용하고 자체 비용을 최소화하여 위험을 피하도록 한다. 시장에 론칭하고 판매가 잘 되면서 지속적으로 재구매 요청이 이루어진다면 그때부터 생산체제를 갖추어도 늦지 않다.

미국의 한 액세서리 회사는 디자이너만 있고 모든 상품을 외부 공장에서 생산하고 있으며, TV로 유명한 한 기업도 전량 대만이나 중국에서 제조해서 판매하고 있다. 최근 우리나라의 대형 할인매장을 운영하는 기업들이 자사 상표를 부착한 제품을 앞다투어 판매하고 있는데 이런 제품을 PB$_{Private\ Brand}$의 상품이라고 한다. 이런 제품도 OEM 생산방식을 따르고 있다.

주문 수량의 증가에 대응하는 유일한 방법은 생산라인을 직접 운영하는 것이다. 운영방식에 따라 생산성이 10~30% 정도는 상향 조정될 수 있다. 이러한 생산 능력의 향상 방안은 피자, 커피 등의 외식산업에서도 중요하다. 동일한 넓이의 매장이라도 주방과 테이블의 배치에 따라 최대 예상 매출액은 달라진다. 이것은 인테리어와는 다른 개념으로 매장의 넓이에 대한 효율적인 활용이라는 쪽에 초점을 맞추게 된다. 이를 레이아웃$_{Layout}$이라고 한다.

생산성 개선을 통한 생산 능력 향상은 기존의 설비나 인력을 모두 그대로 유지하면서도 생산성을 올리게 되므로 기업에서는 수시로 생산성을 평가하고 개선의 여지가 없는지 파악하여야 한다. 이러한 생선성의 혁신이 바로 이익의 혁신이다.

초보 사장의 경영이야기
갑자기 주문이 많아지면 좋아해야 할까?

플라스틱 사출 성형 기업인 ㈜피에프티에 월 1만 개 생산을 목표로 부품 개발이 진행 중이었으나 갑자기 4만 개의 주문이 들어왔다.

"사장님, 사장님. 큰일 났습니다."

김영국 부장이 급하게 소리치며 나타났다. 300톤의 플라스틱 사출 성형기에서 이제 막 생산한 제품의 불량 여부를 확인하던 고진필 사장이 고개를 들었다. 아직도 한참이나 떨어진 곳에서 김영국 부장은 연신 소리를 질러댔다.

"사장님, 휴대폰도 안 받으시고 여기 계시면 어떡합니까?"

김부장의 다급한 목소리에 짜증이 섞여 있었다.

김영국 부장은 고진필이 경영하는 플라스틱 사출 성형품 제조회사인 ㈜피에프티(PFT)의 창업 멤버다. 그는 1년 전만 해도 자동차 부품 제조 회사인 ㈜미래산업에서 고진필과 함께 근무하던 회사 동료였다.

두 사람은 의기투합하여 플라스틱 사출로 자동차 부품을 생산하는 회사를 창업했다. 이 창업에는 또 한 명의 투자자가 있었는데, 바로 김영국의 친형인 김진국이다. 김진국은 고진필의 고등학교 친구이면서 기업에서 사용하는 제조 설비 및 장치의 수입을 대행하기도 하고 설치와 유지 관리에 이르기까지 전체 서비스를 제공하는 ㈜휴인터내셔날의 대표이사이기도 했다. 김진국은 고진필에게 처음으로 창업을 추천했던 사람이며 창업에 결정적인 역할을 하여 현재의 ㈜피에프티를 있게 한 장본인이다.

회사명인 ㈜피에프티는 Plastics, Future Technology의 머리글자를 따서 만들었다. 플라스틱 제품에 대한 기술력을 바탕으로 미래를 이끌어 가는 기업이 되자는 것이 그들의 창업 비전이다.

중견 자동차 부품회사인 ㈜미래산업에서 품질보증부장으로 일하던 고진필은 퇴직 후에 창업 지원 교육 프로그램인 '성공으로 가는 계단 – CEO 경영 아카데미'에 참여하였으며 이 과정을 마치자마자 창업했던 것이다.

"김부장, 무슨 일이야? 왜 이리 호들갑이야."

창업 멤버이고 예전 회사 동료였지만 부하 직원을 나무라는 듯 하는 말투에 부아가 치밀어 오르는 듯 고진필이 목소리를 높였다.

고진필의 손에는 조금 전까지 기계 수리에 사용하던 기름 묻은 스패너가 들려 있었다. 기계에서 튄 기름이 그의 손에도 시커멓게 묻어 있었다. 김영국의 표정으로 봐서 기계 수리에 열중하느라 작업복에 넣어 둔 휴대전화의 진동을 느끼지 못한 듯 했다.

"사장님. 방금 미래산업에서 이번에 신규로 진행한 개발품 초도 발주가 왔는데요. CM 제품이 이번 달에 4만 개 주문이 들어왔습니다. 4만 개!"

"뭐? 4만 개."

무슨 말도 안 되는 소리를 하냐는 표정으로 고진필이 김영국에게 쏘아붙였다.

"갑자기 왜 그렇게 주문이 늘어나? 월 1만 개 정도라더니?"

김영국은 자기에게 아무 잘못도 없는데 왜 그러냐는 표정을 지어 보이며 대답했다.

"자세한 내용은 이호영 팀장에게 확인해 보라고 했습니다."

개발팀의 이호영 과장은 이번 신규 부품 개발 프로젝트를 책임지고 있는 직원이다.

김영국은 일그러진 표정으로 고진필을 향해 빠르게 말을 이어갔다.

"어쨌든 4만 개라면 생산 시설도 부족하고 원료까지 추가로 구매해야 합니다. 시간도 너무 촉박합니다. 월 1만 개 정도 생산 예정이라고 해서 거기에 맞춰 설비를 구입하고 원자재도 입고해서 추가로 발주하면 설비와 원자재 구입 때문에 운전 자금도 부족합니다. 추가 자금이 없으면 이번 달 생산은 어렵습니다."

"흐음."

고진필 사장의 신음 같은 한숨이 바닥에 가라 앉았다. 복잡한 표정의 고진필의 등 뒤에는 고치다 만 기계가 덩그러니 돈 먹는 괴물처럼 버티고 있었다.

초보 사장의 경영이야기 사장은 인복이 있어야 한다

고진필 사장이 CEO 경영 아카데미를 마치고 창업 준비를 시작한 것은 지난 해 3월이었다. 물론 사업 계획은 CEO 경영 아카데미가 마치는 즈음에 거의 완성했기 때문에 창업하는 과정은 그리 어렵지 않았지만 문제는 창업 자금이었다.

고진필 사장이 선택한 사업 아이템은 그의 경력에 비추어 볼 때 무난한 선택이었다. 창업 아이템으로 선정한 것은 고진필이 몸담았던 ㈜미래산업에서 개발하고 있던 자동차 부품으로 정해진 터라 어려울 것이 없었다. 지금까지 생산한 적이 없는 제품이었으나 오랫동안 자동차 부품 산업분야에서 일해 온 고진필의 경험상 제품의 수요에 대해서는 자신감을 갖고 있었고 실제로 테스트 결과에서도 충분한 가능성이 있었다고 확신했다.

고진필은 4월에 생산 설비를 구입하기 위해 창업 자금 융자 신청을 해서 공장 임대, 설비 구입을 하였으며 사업자 등록 후 곧바로 5월부터 ㈜미래산업에서 개발하는 제품의 샘플을 제작하였으며 6월부터는 납품을 시작했다.

제조업이었음에도 불구하고 창업부터 매출이 발생하기까지 일사천리로 진행된 덕분에 고진필은 창업이 어렵다는 생각을 하지 못했다. 자동차 부품 제조업의 수익률은 상당히 낮았지만 일정한 수량으로 꾸준하게 납품이 가능했으며 7월이 되자 초기 납품분에 대한 결재가 이루어지기 시작했고 ㈜피에프티는 안정적으로 창업 초기를 지나게 되었다.

창업 후 1년이 흐른 지금은 회사의 직원이 10여 명으로 늘어나 있었다. 창업 후 10개 월이 되었을 때 고진필은 회사의 조직을 개편하여 체계적인 운영이 가능해졌다. 4개의 팀으로 업무를 정비했다. 전체 인원을 개발팀, 생산팀, 품질보증팀, 경영지원팀으로 구분하여 각각 고유의 업무를 할 수 있도록 했다. 그러나 갑작스런 업무 구분으로 직원들이 더 힘들어하는 것 같았다. 모두 일을 함께 해 나가던 직원들은 업무 분장이라는 말에도 적응하지 못했다.

스타트업 기업에서 가장 중요한 것은 '인재'

현재 개발 중인 CM 제품의 개발을 책임지고 있는 개발팀장은 이호영 과장이다. 자동차 부품 제조 회사에서 경력이 있는 직원을 채용한 것은 이호영 과장이 처음이다. 이번 CM 제품은 이호영 과장의 적극적인 노력으로 진행되었다. 창업 초기부터 생산했던 TM 제품의 후속으로 개발이 진행된 CM 제품을 위해서 고진필은 경력직 직원을 채용하기로 하고 노동부에서 운영하는 워크넷(www.work.go.kr)에 공고를 냈었다.

막 시작하는 스타트업 기업은 직원을 채용하기도 힘들다. 간혹 경력도 없는 사람들이 취직을 하겠다고 찾아 왔지만, 고진필 사장의 입장에서는 자동차 부품 회사에서 꼭 필요한 실무 능력을 비롯한 컴퓨터 활용 능력을 가진 사람이 필요했다. 자동차 부품의 도면 관리 프로그램인 CAD/CAM이나 문서 작성을 위한 워드, 엑셀, 파워포인트 등을 능숙하게 다룰 수 있는 직원을 찾다보니 쉽게 채용하기가 어려웠다. 거기다가 급여를 많이 줄 수 있는 형편도 아니어서 적당한 직원을 채용하기가 하늘의 별따기였다. 그러다가 만난 사람이 바로 이호영 과장이었다. 이호영은 고진필이 원하는 조건을 모두 갖춘 데다가, 창업하는 기업에서 함께 성장하고 싶다는 포부까지 가진 인재였다. 그러나 문제는 급여였다. 고진필의 입장에서는 다른 기업에 비하여 많은 급여를 줄 수 있는 상황이 아니었던 터라 선뜻 채용하기가 어려웠다.

그 때 나선 사람이 김영국 부장이었다.

"사장님, 이참에 우리도 제대로 시스템을 갖추는 게 좋겠습니다. 사람이 최우선 아닙니까? 지금 저 친구 못 잡으면 언제 저만한 사람 또 만나겠습니까?"

"김부장 생각도 그렇지?"

이력서를 들여다보며 고진필과 얘기를 나누던 김영국이 적극적으로 채용할 것을 권했다. ㈜미래산업에서 인사팀에 근무했던 김영국은 누구보다도 인재의 소중함을 알고 있었다. 그렇게 해서 ㈜피에프티는 회사 운영 조직을 재정비하게 되었다.

기업은 생명체처럼 성장한다.

우우웅 우우웅…

갑자기 고진필의 휴대폰이 진동으로 떨었다. 아까는 느끼지 못했던 진동이 이번에는 꽤나 크게 느껴졌다. 스마트폰 화면에는 ㈜미래산업에서 함께 근무했던 황보승훈의 이름이 떠 있었다. 황보승훈은 ㈜미래산업 품질보증부에서 고진필과 함께 근무했으며 1년 전에 CEO 경영 아카데미에서 함께 교육을 받으면서 더욱 가까워진 사람이었다. 황보승훈은 지금은 부인이 된 이경희와 함께 1년 전부터 커피 전문점을 경영하고 있다.

"여어-어! 황보 대리. 오랜만이네."

"고부장님, 아니 고사장님. 잘 지내시죠? 자주 연락을 못 드려서 죄송합니다."

"뭘, 바쁠 텐데. 그래, 요즘은 어때? 커피 전문점은 잘 되는가?"

"예, 덕분에 잘 지냅니다. 갑자기 물량이 늘어서 정신없으시죠?"

"자네가 어떻게 알아? 나도 지금 보고 받았는데."

"어제부로 구매팀으로 발령 받았습니다. 이제 저하고 자주 보실 것 같습니다."

"그래? 그럼 구매팀장인가? 진급했겠네."

"예. 그렇습니다. 차장으로 진급도 했구요."

"축하해. 이제 황보 차장님이네. 그럼 잘 좀 봐 주라. 아니 왜 갑자기 물량을 예상보다 4배나 늘려서 오더하는 거야? 지금 오더를 늘리면 우리는 생산 불가야."

"저도 어제 발령 받아서 아직 얼떨떨한데요. 이미 결재가 된 사안이라 내용 파악 중입니다. 나중에 저녁 때 저희 가게에서 잠깐 뵈면 어떨까요? 그 건 말고도 드릴 말씀이 있습니다."

"그러지. 일곱 시쯤이면 어떨까?"

초보 사장의 경영이야기　　**성장의 타이밍**

황보승훈의 전화를 끊은 고사장은 옆에 서 있던 김영국에게 통화한 내용을 전달했다.

"사장님께서 황보 차장과 잘 협의해 보십시오. 이번 달에는 그냥 예정대로 만 개 생산하고, 다음 달부터 4만 개로 하면 저희로서는 베스트입니다. 그동안 생산 능력을 늘려서 준비하면 됩니다."

"일단 그렇게라도 해야겠지? 만약 우리가 생산 능력이 안된다고 하면 어떻게 될까?"

"그걸 말씀이라고 하십니까? 당연히 다른 회사를 찾겠죠. 사실 우리도 한 가지 아이템만으로 계속 사업를 하는 건 어렵습니다. 내년이면 제품 단가 인하 요구도 있을텐데 계속해서 신규 아이템을 확보하지 않으면 안 됩니다."

김영국은 다 알면서 왜 그러냐는 듯이 고개를 저으며 강한 어조로 단숨에 말을 마쳤다.

> 제조업에서 생산 능력을 늘리기 위해서는 자금 소요가 엄청나다.
> 생산 시설의 경우에도 직접 제품을 생산하는 설비와
> 생산 설비를 운영하는데 필요한 유틸리티,
> 그 외 소모품 등을 구매해야 한다.

고진필이 기계 수리를 마치고 사무실로 들어서자 김영국 부장이 다시 다가왔다.

"사장님. 은행에서도 추가 대출은 어렵다는데요. 설비 구입 자금은 설비를 담보로 하면 가능할 것 같은데, 운전 자금은 어려울 것 같습니다. 더 이상 제공할 담보도 없어서 신용으로 빌려야 하는데 회사 부채비율이 많이 올라갑니다."

"이럴 때는 어디에 알아봐야 하지?"

고진필은 걱정스런 얼굴로 혼잣말을 되뇌었다. 골똘히 생각에 잠겨있던 고진필의 머릿속에 떠오르는 얼굴이 있었다. 바로 CEO 경영 아카데미를 운영하는 교육 기관인 '성공으로 가는 계단'의 박영진 실장이다. 그는 창업을 준비 중인 예비 CEO의 훈련뿐 아니라 창업부터 홀로서기를 할 수 있을 때까지 멘토가 되어 주기로 했었다.

박영진 실장에게 전화를 걸었으나 신호가 한참 울릴 때까지 받질 않았다.

> 기업의 성장은 고통을 감내하는 자에게만 주어진다.
> 경영자 곁에는 롤 모델이나 멘토가 있어야 한다.

초보 사장의 경영이야기   성장을 위한 대안

커피프랜즈는 이경희 사장이 경영하는 커피 전문점으로 역시 창업 1년차이다. 매장 입지를 잘 선택해서 창업 초기를 잘 지나왔다.

퇴근 시간이 지나자 고진필 사장은 이경희가 경영하는 커피프랜즈로 차를 몰았다.

황보승훈의 아내인 이경희가 경영하는 커피전문점인 커피프랜즈는 창업 후에 번창일로였다. 시내 중심가는 아니었지만 매장이 위치한 지역의 개발이 진행되면서 하루가 다르게 건물이 들어서고 주택가가 형성되어 인구 유입이 계속되고 있었다. 주위에 유사한 경쟁업소가 없었던 창업 당시에는 창업 후 2개월 만에 손익분기점을 넘어서서 안정적으로 창업기를 지나 성장하고 있었다.

이경희와 황보승훈 두 사람은 고진필 사장과 같이 ㈜미래산업에 근무했던 사내 커플로 작년에 결혼했다. 회사에 근무하면서 CEO 경영 아카데미 교육에 참여했던 두 사람은 교육을 마친 후 이경희는 퇴사하여 커피전문점을 창업했다. 창업 2개월 후 매출이 늘어나면서 직원을 채용했다. 데이비드 장이라는 이름의 바리스타를 채용했는데 아침 9시에 출근해서 저녁 9시까지 근무하면서 바리스타 업무뿐 아니라 음식 재료 준비를 비롯한 여러 가지 일들을 아주 능숙하게 처리해 주었다. 여자 혼자 운영하는 커피전문점이라서 여직원을 채용하길 원했던 황보승훈도 퇴근 후 며칠 동안 함께 일하면서 그를 지켜 보고는 흡족해 했다. 데이비드 장은 카페 일을 마치 자신의 일인양 열심히 하는 사람이었다. 그도 그럴 것이 데이비드 장이 오기 전에는 커피 원두 납품 업체에서 로스팅 한 것을 받아서 사용했지만 요즘은 데이비드 장이 직접 원두를 고르고 로스팅을 해서 사용하고 있다. 하루에 사용할 만큼의 원두를 로스팅하기 때문에 커피 향도 훨씬 짙어지고 고객들의 반응도 좋아졌다. 거기다가 이경희도 여유가 생기다 보니 새로운 사이드 메뉴를 개발했다. 고객들 사이에서 커피와 사이드 메뉴에 대한 입소문이 자자해지고 있었다.

고객이 늘어나서 서빙을 도와 줄 아르바이트 여직원까지 채용해서 이제는 완전하게 자리를 잡은 상태였다.

고진필 사장을 만나기로 한 황보승훈은 일곱 시가 되기 전에 커피프랜즈에 도착했다. 카페에 들어서자 이경희가 정신없이 움직이고 있었고 며칠 전에 새로 들어온 아르바이트생인 미나도 테이블 정리하느라 분주해 보였다.

급히 카운터로 다가간 황보승훈이 이경희에게 말했다.

"자기야, 왜 이렇게 정신없어? 어, 그러고 보니 데이비드가 안 보이네?"

"응, 오늘 죽겠다. 얘기는 나중에 하고 자기가 커피 좀 내려. 아메리카노 둘, 아이스 카페라떼 하나. 오케이?"

"알았어. 데이비드는 어디 갔냐니까?"

"아, 참. 감기가 걸려서 오늘 못 나왔어. 감기 걸린 사람을 나오라고 할 수 없잖아. 음식 만들어야 하는데…. 빨리 옷 갈아입고 커피 내려 줘. 난 쿠키 꺼내야 돼."

"알았어, 알았어."

황보승훈은 급히 스태프실로 들어가 유니폼으로 갈아입고 카운터로 들어갔다. 그사이 손님이 들어오고 주문서는 늘어나 있었다.

"아메리카노 두 잔, 아이스 카페라떼 한 잔 주문하신 고객님."

황보승훈의 목소리가 카페 안을 울렸.

고진필이 커피프랜즈에 들어섰을 때는 일곱 시를 지난 시간이었다. 매장 안에는 군데군데 손님들이 앉아 있었다. 커피프랜즈의 인테리어는 유럽의 카페를 연상시킬 정도로 독특했다. 벽과 창문에 설치된 스테인드글라스에는 고흐와 몇몇 화가들의 그림을 그려놓아서 은은한 불빛을 비추는 저녁이 되면 더 아름다운 광경을 만들어 냈다. 실내에는 그리 요란하지 않은 음악이 흐르고 있어서 안정감을 더 했다. 들어서면서 얼핏 보니 비즈니스 룸이 열려 있었다. 오늘은 모임이 없는 듯 했다. CEO 경영 아카데미에 참가했던 이경희 대표는 성공으로 가는 계단의 회의실을 본 떠서 커피 전문점에도 비즈니스 룸을 설치했는데, 강의나 회의에 사용하는 빔 프로젝트와 컴퓨터 그리고 대형 스크린을 설치해서 10여 명의 사람들이 회의를 하거나 교육을 진행할 수 있도록 대여하고 있었다. 덕분에 각종 동호회 모임과 기업의 업무 회의들이 수시로 이루어지고 있었.
고진필을 발견한 황보승훈이 손을 들어 보였다. 고진필이 반갑게 인사를 건넸다.
"여어, 황보 사장님. 낮에는 황보 차장이었다가 저녁 때가 되니 바로 진급하셨네."
"어서 오십시오. 고사장님. 저기 비즈니스 룸에서 잠시 기다리십시오. 금방 가겠습니다. 주문이 너무 밀려서 급한 것만 처리하고 가겠습니다."
고진필은 비즈니스 룸으로 향했다. 비즈니스 룸은 회사의 회의실 분위기가 나도록 가구들이 배치되어 있었다. 중앙에는 긴 탁자가 놓여 있고, 10여 개의 사무용 의자, 문에서 바로 보이는 벽면에는 흰색 롤 스크린이 내려져 있었으며 그 뒤 벽면에는 50인치 TV 스크린이 붙박이로 설치되어 있었다.
손님들의 주문을 처리한 황보승훈이 커피 두 잔을 들고 웃으며 룸으로 들어왔다.
"죄송합니다. 오늘 직원이 한 사람 안 나오는 바람에 정신이 없습니다."
"왜? 그 일 잘한다던 바리스타 말인가? 무슨 일 있나?"
"별일은 아니랍니다. 감기래요. 오늘 집사람이 혼자 가게 보느라고 정신이 없습니다."

"힘들겠네. 그 친구 일 잘한다면서?"

"예, 완전히 일당백이죠. 아마 다른 매장에 가면 세 명 몫은 충분히 할 겁니다. 같이 일한지 삼 개월짼데, 지금처럼 자리 잡은 거나 커피 맛이나 그 친구 덕분이죠."

"보배구만. 잘 해줘. 월급도 좀 많이 주고. 우리 회사도 요즘 사람 때문에 힘들어. 예전에 직장 생활할 때는 나도 회사 욕 많이 했지만 직접 경영을 해 보니까 쉽지 않아."

고진필은 황보승훈이 가져온 커피로 입을 적셨다. 커피의 쌉쌀한 향이 이내 입안으로 퍼졌다. 짙은 색깔의 커피 한 모금은 자신의 처지를 알고 있는지 조명 불빛에 비친 액체는 훨씬 더 어두워 보였다.

"그나저나 구매팀으로 발령났다며?"

"예, 그렇게 됐습니다. 요즘 회사 돌아가는 게 어디가 어떻게 되는지 정신이 없어서요. 일단 고사장님이 개발하신 CM 부품 건은 원래 예상 물량이 월 1만 개가 맞더군요. 그러니까 사장님 회사에서 1만 개, 복수 거래처로 등록된 ㈜풍창 아시죠? 거기서 3만 개."

고진필은 고개를 끄덕였다. ㈜풍창의 김세원 사장은 그도 잘 안다. 고진필이 회사에 근무할 때도 자동차 부품을 납품하던 회사로 규모가 상당히 큰 쪽에 속했다. 불과 3년 전만 해도 직원 20명 규모의 작은 회사였는데, 3년 사이에 종업원은 100여 명, 매출액은 세 배 이상으로 성장해서 자동차 부품회사의 성공 사례로 얘기되는 회사였다.

"㈜풍창이 지난주에 부도가 났어요."

"뭐야? 아니 얼마 전에도 협력회사 월례 모임에서 만났는데, 그때까지도 아무 소리 없던데."

"참, 사장님도. 자기 부도 날 거라고 말하는 사장이 어디 있습니까? 내일 부도가 나더라도 아무 일 없다고 하죠."
"어, 그럴리가?"
고진필은 김세원 사장의 허연 얼굴을 떠 올리며 고개를 갸웃했다.
"어쨌든 제가 팀장이 되고 처음 한 일이 풍창에 발주냈던 물량을 사장님 회사로 보낸 겁니다."
㈜풍창은 고사장과 똑같은 제품을 개발해서 ㈜미래산업에 납품하기로 한 회사였다. 자동차 부품 조달업무에서는 지금과 같은 만약의 사태에 대비해서 항상 복수 거래를 원칙으로 하고 있으며 또한 복수 거래를 함으로써 선의의 가격 경쟁이나 기술 개발 활동에 도움을 주기도 한다.
"풍창도 풍창이지만 우리도 죽을 맛이야. 우리처럼 작은 회사에 갑자기 그만한 물량을 주면 어떻게 하란 말이야. 설비도 없고 원자재 구입도 그렇고 말이야. 혹시 다른 회사는 할 만한 데가 없을까?"
"사장님 상황을 모르는 건 아닌데, 저희도 지금 급하거든요. 이미 생산계획은 다 짜였고, 벌써 고객 주문이 들어오는 상황인데 다른 회사에서 개발하려면 또 몇 개월 걸리잖습니까? 이번 기회에 고사장님께서도 규모를 좀 키우시는 게 어떠시겠어요?"
"그것 참……. 그건 맞는 말인데, 자금이 너무 많이 필요해. 이건 우리가 감당할 수 있는 영역 밖이야. 지금도 차입이 많아서 힘든데, 지금 물량이면 공장, 설비, 자재 모두 다 문제야."
고진필은 말을 하면서 연신 고개를 저었다.
고진필도 ㈜풍창에 대해 주위의 사장들이 하던 말을 들은 기억이 났다. ㈜풍창이 2년 전부터 회사 규모를 키우면서 은행 등에서 차입금이 많은 상태라는 것이었다. 공격적인 영업활동으로 주문 수량과 고객 수가 급격

하게 늘어나면서 종업원도 늘어나고 공장 규모가 커지는 와중에 관리가 어려워졌을 것이다.

어쩌면 고진필도 똑같은 길을 가고 있는 것인지도 모른다는 생각에 등골에 오싹했다. 자신과 함께 창업한 김영국과 김진국 형제는 어찌할 것이며, 특히나 창업하느라 8천만 원 넘는 자신의 전 재산을 투자했고 거기다가 자신의 아파트는 운전자금 융통하느라 은행에 담보까지 설정되어 있었다. 만약 잘못된다면……. 그건 상상도 하기 싫은 일이지만 가능성은 언제나 열려 있는 것도 엄연한 사실이다. 어떻게 하든지 가장 좋은 길을 찾아야 한다.

도대체 어떻게 해야 할까?

㈜피에프티같은 제조 기업의 이익은 규모의 경제에서 나온다. 길거리 식품의 대명사인 붕어빵을 아무리 많이 팔아도 하루에 팔 수 있는 양은 정해져 있다. 그러나 붕어빵이 아니고 대형 오븐을 사용하는 제과점이라면 한 번에 엄청난 양의 빵을 구워낼 수 있으므로 이익은 비교할 수 없을 정도로 늘어난다. 두 가지의 차이점은 바로 규모다. 투자를 해서 부가가치를 높이고 이익이 많이 나도록 하는 것이 기업 성장을 위한 경영 방법이다.

06 비전과 목표를 명확히 하는 방법

경영자는 회사의 미래는 물론 자신을 비롯해서 종업원의 장래에 대한 책임이 있다. 그것을 우리는 비전이라고 정의한다. 나중에 우리는 무엇이 되어 있을 것인가 하는 것이다. 미래의 어느 시점에 지향해야 할 우리의 혹은 자신의 모습을 눈으로 보듯이 표현한 것이 비전이다. 그래서 좀 더 구체적이고 명확하게 나타내야 하는 것이다.

> 경영자의 비전과 목표는
> 고객과 시장을 향하고 있는지 검토해야 한다.
> 공장이 커지는 것은 고객의 선택이 있었기 때문이다.

경영자가 기업의 비전을 그린다면 종업원은 몇 명이고, 공장은 얼마나 크며, 자동차는 무엇인지 사진을 보여주듯이 설명할 수 있어야 한다. 눈으로 보는 듯 의사소통이 가능하게 될 때 비전은 제 모습을 갖추게 된다.

기업은 오롯이 CEO의 비전에 따라 발전한다. 그러나 CEO의 비전이 명확하지 않다면 기업의 미래는 기대할 수 없다. CEO가 해야 하는 가장 중요한 업무는 바로 비전을 만들어내는 것이다.

중소기업에서 근무하다가 이직하는 직원들에게 이직하는 이유를 조사해 보면 가장 많이 하는 말이 인간관계의 문제와 비전의 문제다.

'이 회사는 있어봐야 비전이 없어요.'

'도대체 사장님이 무슨 생각을 하는지를 모르겠어요.'

직원이 CEO의 의지나 생각을 전혀 알 수 없으니 이런 말이 나오는 것이다. CEO는 최소한 1년 내지 3년 후의 모습에 대해서 명확하게 말할 수 있어야 한다. 단기, 중·장기 비전을 가져야 비전에 도달할 수 있는 방법을 찾을 수 있다.

> 비전 제시의 원칙
> 1. 누구나 보고 이해할 수 있도록 분명하고 명확하게 제시하여야 한다.
> 2. 모든 사람들이 비전을 이룰 수 있다는 공감대를 형성하여야 한다.
> 3. CEO 스스로 비전을 달성하기 위한 방법을 설정할 수 있어야 한다.

CEO가 만드는 기업의 비전만 있는 것이 아니다. 직원들도 개인의 비전을 가져야 한다. 종업원도 명확한 비전이 있어야 최선을 다해서 일을 하게 된다. 종업원들은 항상 미래에 대한 불안으로 힘들어 한다. 더구나 중소기업은 기업의 사정에 따라 직원의 미래가 결정되기도 하므로 언제나 탈출을 꿈꾸게 된다. 기업의 성장에 대한 비전이 명확하다면, 직원은 회사의 비전에 따라 자신의 비전을 만든다. 직원이 5년간 회사에서 근무하고 나면 무엇이 될 것인가를 심각하게 고민한다면 기업의 5년 후가 보이지 않는 것이고, 기업의 5년 후를 모른다면 그 직원은 항상 떠날 준비를 할 수밖에 없다. 떠날 마음이 있는 직원에게 최상의 업무성과를 기대하기는 어렵다.

경남 양산에 있는 한 기업의 CEO는 자신과 함께 회사를 성장시킨 직원들이 정년퇴직할 때 그들에게 회사의 사업부문을 분리하여 직접 경영하도록 하거나 제품을 납품할 수 있는 매출처를 확보해 준다고 한다. 그것이 CEO가 직원들에게 보여주는 비전이다. 그 회사의 직원들은 입사하면 이직을 생각하지 않는다. 열심히 일하다 보면 자기 회사를 가지게 되는 비전이 눈에 보이는데 어찌 열심히 일하지 않겠는가 말이다. 명확한 비전은 직원을 열심히 일하게 한다. 회사를 성장시키는 힘은 결국 끊임없는 자기 관리다.

도대체 기업의 성장은 어디까지 이루어져야 하는가라는 물음에 답을 찾기란 쉽지 않다. 어느 기업을 막론하고 쇠퇴하려는 기업은 없다. 기업의 성장과 성공을 위한 달콤한 꿈은 모든 경영자들의 공통된 목표이다.

경영시스템을 확고하게 만들어 놓은 기업들은 매년 사업계획을 통하여 어디까지 성장할 것인가를 검토한다. 계획하는 시간을 충분히 가지면서 목표 수준을 정하게 된다. 그 목표를 모든 조직의 구성원들이 이루어내야 하는 미래로 인식하도록 한다. 이런 기업들은 결국에는 목표를 이루어낸다. 조직이 영속적으로 성장하고, 바로 그 성장이 성공의 또 다른 말이라는 것을 알고 있기 때문이다.

이에 비하여 중소기업이나 소상공인의 경우에는 목표를 어떻게 세울 것인지 조차도 정해져 있지 않은 경우가 허다하다. 하루하루가 생존의 전쟁터가 되는 것이다. 계획도 없다. 단지 정해진 시간에 출근하고 정해진 제품을 만들고 정해진 시간에 퇴근한다. 그 계획은 모두가 하루짜리다.

기업의 입장에서 가져야 할 목표는 최소한 3년 이상의 미래를 내다보고 세워야 한다. 지금부터 3년 후에 보여질 기업의 모습을 모든 직원들이 공유할 수 있도록 표현해야 한다.

다음은 뜻이 비슷한 세 개의 영어 단어다. 단어 뜻을 적어 보자.

Dream – _____

Hope – _____

Vision – _____

아마도 dream – 꿈, hope – 희망. 여기까지는 대부분 뜻을 적었을 것으로 생각된다. 그러나 vision – 비전으로 적지 않았는가?

우리가 그렇게 자주 사용하는 단어인 비전Vision이라는 단어는 왜 우리말로 옮기지 못할까?

'알고는 있는데 표현이 안 된다.'

맞다. 우리는 모두 비전이 뭔지 알고 있다. 그러나 표현하기는 어렵다. 비전이란 모든 사람들이 눈앞에서 보는 것처럼 알 수 있도록 하는 것이다. 꿈은 다소 몽상적이어도 좋다. 아이들이 커서 꿈이 연예인이라고 하면 연예인을 하라고 해도 좋다. 사실 커서 연예인이 될 수 있는 확률은 얼마 되지 않는다. 희망은 말 그대로 기대가 되어야 한다.

비전은 다르다. 비전은 그렇게 몽상적으로 되어서도 안 되고, 기대만으로 끝나서도 안 된다. 비전은 눈앞에 보이도록 표현하여야 한다. 그래서 너무 먼 미래의 일을 비전으로 나타내는 것은 타당하지 않다. 바로 눈앞의 모습을 만들고 어떻게 하면 그 모습을 정해진 기간 내에 만들 수 있을까를 고민하는 것이다.

07 전쟁에서 이기는 전략이란 무엇인가?

초보사장이 창업 전에 해야 할 일 가운데 하나가 사업계획이라고 말하는 것은 아무리 강조해도 지나치지 않는다. 사업계획은 하나의 전략이고 비전이다. 사업계획에 포함된 항목은 CEO의 머릿속에 있는 것을 글로 표현한 것이기 때문이다.

그렇다면 창업 후에는 사업계획이 필요없는가?

'아니다'라고 대답한 초보 경영자가 있다면 성공할 사람이다.

> **사업 계획을 모니터링하고 다시 계획에 피드백하는 일이 기획(Planning)이다.**

창업 후에도 사업계획은 계속 관리되어야 하고 때로는 수정되어야 한다. 창업 전에 만들어진 사업 계획은 말 그대로 계획이다. 계획은 최선의 결과를 얻기 위해 수시로 수정되고 갱신되어야 함을 전제로 하는 것이다.

창업 후 사업계획을 갱신하는 최소한의 주기는 1년이다. 최소한 1년에 한 번은 갱신해야 한다. 대부분의 기업들은 매년 초에 사업계획을 작성하여 전 직원들이 공유한다. 연초에 세운 사업 계획들이 얼마나 진행되었으며 계획대로 진행되었는가를 파악하여 모니터링하고 컨트롤하게 된다. 계획된 성과를 달성하지 못한 부분에 대해서는 원인을 분석하여 이유를 찾고 개선하기 위해 아이디어를 짜낸다.

창업 후의 사업계획에는 무엇을 포함하여야 할까?

창업 후 사업계획도 창업 전 사업계획과 다르지 않다. 창업 후에는 매출액 목표를 설정하되 단기, 중·장기 매출 규모를 계획한다. 이때 시장 상황이나 트렌드 등을 검토한다. 이 두 가지는 매출 규모와 아이템 등 모든 것을 변화시키는 요인이 된다. 매출액의 성장에 따라 직원의 채용 계획이나 차입금 운영 계획, 점포 또는 회사의 건물에 대한 사항까지 변하는 것이다.

사업계획을 작성하여 직원들과 함께 검토한다. CEO 중에는 사업계획을 중역이나 팀장급 직원에게 배포하고 회의를 하는데 이는 개선되어야 한다. 어떤 회사는 전년도 매출액을 직원들에게 알려주지 않는다. 왜 매출액을 알려주지 않냐고 CEO에게 물었더니 직원들이 회사의 매출액이나 이익을 알게 되면 안 된다고 했다. 나는 CEO의 대답을 듣고 엄청난 충격을 받은 기억이 있다. 절대로 있어서는 안 되는 일이다.

회사의 모든 직원은 회사의 현황에 대하여 알고 있어야 한다. 투명한 경영이 필요하다. 생사고락을 같이 하는 직원들에게 회사에 대해 아무

것도 알려주지 않고 '너는 일이나 해.'라고 한다면 그것은 직원을 기계의 부속품 정도로 생각하고 있다는 것이다.

 직원이 성장하고 혁신적인 성과를 내기 위해서는 그들이 의욕적으로 일할 수 있도록 하여야 한다. 최근에는 외식업을 운영하는 식당이나 카페에서도 퇴직금 제도나 연차 휴가 제도를 도입하는 사례가 늘어나고 있다. 또한 매월 실적을 공유하고 문제를 개선하는 회의에도 말단 직원까지 참석하도록 한다. 직원들은 자신의 역할이 무엇인지, 또한 자신으로 인해 회사의 이익이 얼마나 발생했는지, 손해를 보지 않았는지를 알아야 한다. 그러기 위해서는 사업계획을 먼저 공유하여야 한다.

 작은 기업이라도 연말에는 1박 2일 정도의 워크샵을 실시하는 것이 좋다. 회사의 미래에 대해 토론하고 지난 일을 반성하고 서로에게 하고 싶은 말을 하도록 한다.

 기업이 의지할 데라고는 직원 밖에 없다는 것을 명심하자.

제2장

기업의 경영전략과 목표를 설정한다

08 이제 창업했는데 경영전략이 필요할까?

매년 초 또는 매월 초에 설정해 놓은 매출목표를 얼마나 달성했는지 정기적으로 평가해 보자. 사업계획만 세웠다고 다 끝난 것이 아니다. 사업계획대로 실제로 이루어지는가를 파악하여야 한다. 목표를 정하고 그 목표를 달하기 위한 행동이나 활동을 결정하는 행위를 '경영전략'이라고 한다.

기업의 경영전략이라고 해서 거창한 것이 아니다. 작은 기업도 경영전략이 있다. 사장의 머릿속에 있는 아이디어들이 바로 경영전략이다.

여기서 중요한 것은 아이디어들을 머릿속에만 넣어 두면 안된다는 것이다. 머릿속의 아이디어들을 논리적으로 연결하고 내용을 정리해서 문서로 만들어야 한다. 머릿속의 기억들은 어느 순간 사라지기 때문에 항상 붙들고 있을 수가 없다. 경영 활동이 진행되면 처음에 마음먹은 대로 되지 않는 경우가 훨씬 더 많기 때문이다.

경영전략을 수립하는 단계는 다음과 같다.

단계	항목	할 일
1 단계	목표 설정	• 목표는 구체적이어야 한다. • 달성 가능성이 있어야 한다. • 규모가 작은 것부터 먼저 설정한다.
2 단계	현재 수준 파악	• 목표 대비 현재 상황을 인식한다. • 구체적인 항목을 구분하여 표현한다.
3 단계	GAP 분석	• 목표를 달성하기 위한 차이를 구분한다. • 해당 목표와 연관성이 있는 항목을 정리한다. • 차이는 수치로 표현하고, 필요한 경우 설명 가능한 항목을 이용하여 목표를 구체적으로 나누거나 변경한다.
4 단계	추진 방안 설정	• 추진 방법의 아이디어를 도출한다. • 실현 가능한 아이디어를 모두 적어 둔 다음 실제 활동이 가능한 것만 별도로 모은다. • 가능한 활동은 일정별로 순서를 정하고 계획을 마무리 한다.

경영전략에는 구체적인 실행 방법을 표현하여야 한다. '관리 철저', '최선을 다한다' 등의 애매모호한 표현은 전략에서 삭제한다. 경영 일정에 따라 활동 계획을 세우고 주기적으로 모니터링한다.

> **경영 전략이 없는 회사의 미래는 없다.**
> **사장만 아는 회사의 미래를 직원들과 공유해야 한다.**

음식점 프랜차이즈 사업은 맛있는 음식을 만드는 것과는 또 다른 사업이다. 이것은 최종 소비자를 만족시키면 되는 것뿐만 아니라 기업의 성장과 신뢰에 대한 여러 가지 요소를 충족시켜야 한다.

기업은 하나의 생명체다. 기업을 세상에 태어나게 하는 것은 창업자다.

창업자의 의지와 노력으로 기업은 성장하고 세상에 뿌리를 내린다. 일단 뿌리를 내린 기업은 어지간한 바람도 견디고, 비가 오는 하늘도 알게 된 후에는 자신만의 삶을 살게 된다. 기업이 성장하는 시점을 살펴보면 창업자나 경영자의 노력만으로 성장하는 경우는 드물다.

성장하는 기업을 보면 시기적으로 적절하게 제품에 대한 수요가 증가한다든지 사회 현상이 요구하는 서비스를 제공하는 경우가 많다. 그래서 사업의 성공은 운칠기삼運七氣三이라고 말하기도 한다. 운이 70% 정도 되는데, 그 운을 잡을 수 있는 기술이 30%라는 말이다.

요즘 시장에 넘치는 스마트폰 케이스와 스마트폰에 사용하는 각종 액세서리들은 불과 3~4년 전만 해도 사업으로 분류하기도 어려울 정도로 작은 분야였다. 그러나 소비자의 니즈와 창업자의 아이디어가 맞아 떨어지면서 최근에는 크게 성장하는 분야가 되었다. 그런가 하면, 한 때 빠르게 성장하던 전자오락실 사업은 PC의 보편화로 사양 산업이 되었고, PC방도 지금은 이익을 내는 곳이 드물다고 한다.

기업은 오로지 창업자나 경영자의 의지에 따라 움직이는 것이 아니라 스스로 하나의 생명을 가지고 있다. 그 생명을 유지하는 것이 기업에 종사하는 직원들과 그 회사가 만들어내는 제품이나 서비스, 그리고 고객이다. 기업은 계속 성장해야 한다. 기업이 성장하지 않는 것은 신체의 피가 돌지 않는 것과 같다. 피가 돌지 않는 사람은 곧바로 죽음에 이르듯이 기업도 죽음에 이르게 된다.

기업의 지속적인 성장을 위해서는 기업을 지탱하는 요소들을 꾸준히 관찰하고 문제점을 찾아내고 이를 개선하여 항상 왕성한 의욕과 활력을 가질 수 있도록 관리해야 한다.

09 경영목표를 세우는 방법은 무엇인가?

"다음 달 매출액을 지난 달보다 2천만 원은 늘려야지."
"3년 내 우리 회사는 중국 시장에 진출할 것입니다."
"내년에는 A사보다 시장 점유율이 높아야 해."

 기업 경영에 있어서 목표를 갖는 것은 매우 중요한 일이다. 목표가 없다는 것은 목적지가 없는 비행기와 같다.
 이제 막 이륙한 비행기의 행선지가 정해져 있지 않다면 어떤 일이 벌어질까? 처음부터 연료량도 정해지지 않았을 것이고 목적지가 없는 비행기에는 승객들도 타고 있지 않을 것이다. 활주로를 이륙하는 모든 비행기는 목적지가 명확하고 기장을 비롯한 승무원과 관제탑 요원, 그리고 승객에 이르기까지 해당 비행기의 관계자들은 모두 비행기 운항에 대한 정보를 공유해야 한다. 비행기는 몇 시에 출발해서 몇 피트 상공을 날게 되며 어느 공항에 몇 시에 도착하는지 구체적으로 공유하게 된다.

경영목표는 구체적이고 숫자로 나타나야 한다.

경영목표도 마찬가지다. 명확한 목적지와 그 곳까지 가기 위한 방법들을 정확하게 설정하여 공유하는 것, 그것이 경영목표이다.

창업 초기 기업은 매출액이나 고객 수, 수익률, 시장 점유율 등을 설정하여 경영목표를 세우는 것이 바람직하다. 이렇게 계획을 세우고 실제 결과를 확인하게 되는데 이것을 성과관리에서 '효과성'이라고 한다.

효과성에 대한 파악은 주기적으로 이루어져야 한다. 가장 이상적인 주기는 일일 관리다.

매출액 목표와 비용 관리는 매일 관리가 필요하다. 그것을 잊어버리는 순간 기업의 혈액순환은 멈춘다.

일, 주, 월, 분기, 반기, 연간 관리 등 관리 주기를 선택하는 것은 목표의 형태나 데이터의 크기에 따라 정하여야 한다.

대체로 매출액은 월별로 집계하는 것이 바람직하다. 매년 12월 기준으로 재무제표를 작성하여 회사의 수익 현황을 파악하는데 이러한 재무 현황을 월별로 관리하는 것이다. 요즘은 컴퓨터 소프트웨어들이 많이 있어서 일일 집계만 하면 손익계산서를 작성해 주기도 하고 현금 흐름도 파악할 수 있다. 이러한 소프트웨어를 이용해서 결산 기간을 단축하는 것이 바람직하다.

매출액 집계와 병행해야 하는 것은 다름 아닌 비용 관리이다. 회사의 비용 내역도 소프트웨어를 사용하면 월별 집계를 쉽게 관리할 수 있다.

월 결산은 수익매출과 비용으로 간단하게 정리해서 매월 5일 이내에 결산한다. 규모가 성장하면 원가 분석을 통하여 항목별로 관리한다.

> **월 결산은 5일 이내 마무리 한다.**

또 한 가지의 목표관리 중에 하나가 직원들에 대한 목표관리이다. 직원의 업무 능력이 향상되어야 한다. 그러기 위해서는 모든 종업원들도 자신만의 목표를 정하여야 한다. 직원들의 목표를 회사가 관리해 주는 경우도 있다.

어떤 회사는 직원이 금연하면 성과급으로 50만 원을 포상하는 곳도 있고, 헬스 트레이너를 고용해서 직원의 운동 횟수를 챙겨주는 곳도 있다. 회사가 직원의 목표를 관리해 주는 사례다.

직원은 스스로 목표를 세워서 관리하도록 하여야 한다. 회사 입장에서는 회사의 업무와 관련된 목표를 작성해서 제출하도록 하고, 이를 분기 또는 반기별로 실적의 차이를 파악할 필요가 있다.

> **경영목표는 창업 후 더욱 중요하고
> 경영목표를 세우는 일은 CEO의 몫이다.**

창업만으로 모든 것이 변하지는 않는다. 창업과 더불어 CEO의 생각과 생활이 변하고, 함께하는 직원들의 의지가 함께 할 때 변화의 기운이 일어나고, 기업은 꺼지지 않는 생존의 불씨를 가지게 된다. 창업 후 1~3년이 매우 중요한 기간이다. 빠른 기간에 안정적인 운영을 할 수 있게 되어야 한다. 창업 후 안정화가 늦어진다면, 창업자는 불안에 휩싸여 판단력이 흐려지고, 의사 결정이 늦어져 실패 쪽으로 다가서게 된다.

창업과 동시에 안정적인 운영시스템을 구축하고, 끊임없이 노력하고 관리하는 CEO만이 무너지거나 실패하지 않는 기업을 만들 수 있다.

초보 사장의 경영이야기

경영자의 목표가 기업의 목표가 된다

윤성국 사장은 'STT 토스트'를 경영하고 있다. 푸드트럭으로 시작한 사업이었지만, 지금은 매장을 운영하면서 자리를 잡아가는 중이다. 그는 신규 사업에 대해 걱정하고 있다.

윤성국 사장이 운영하는 STT 토스트는 M 사거리 한쪽 귀퉁이에 간판을 내걸고 운영중이다. 윤성국 사장은 토스트 전문점을 창업하기 위해서 CEO 경영 아카데미가 진행되던 시기부터 준비했다. 지난 해 1월부터 길거리 점포 형태로 트럭을 개조해서 토스트 판매를 시작했다. 그로부터 5개월 후 윤성국은 점포를 임대하여 토스트와 음료를 주 메뉴로 간단한 식사를 판매하는 점포를 창업했다. 점포 위치는 처음 푸드트럭을 창업했던 M 사거리에서 서쪽으로 약 100미터 정도 떨어진 곳으로 15평 정도의 넓지 않은 매장이다.

윤성국 사장은 푸드트럭으로 시작하여 5개월 정도의 경험을 쌓은 터라 점포 창업도 별 어려움 없이 진행할 수 있었다.

매장 입구에 음식을 만드는 주방을 배치하여 외부에서도 유리창을 통하여 음식 만드는 모습을 볼 수 있도록 구성했고 매장에 들어오지 않아도 테이크아웃(Take-out)판매가 가능하도록 배치했다. 매장에는 2인용 테이블 8개와 바 형태의 테이블을 설치했다. 주방 직원과 고객이 마주보는 형태로 배치해서 혼자서 방문하는 고객들이 간단하게 식사할 수 있도록 했다.

상호는 푸드트럭에서부터 사용하던 'STT(Success To Toast)토스트'를 사용하기로 했다. 짧은 기간이었지만 단골 고객을 확보하고 있던 윤성국은 점포 창업 이후에도 꾸준히 매출이 증가하여 6개월이 지난 현재는 안정적인 운영이 가능한 상태가 되었다.

윤성국이 오후 세 시가 넘어서 고진필의 회사로 찾아왔다. 윤성국이 CEO 경영 아카데미에 참석했던 사람들끼리 만들었던 친목 모임인 '늘푸름회'의 총무직을 맡고 있어서 1주년 기념행사를 계획하기 위해 고진필을 방문한 길이었다.

"잘 지내셨죠? 고사장님."

"어서 와, 윤사장. 이제 시간이 좀 있으신가 보네. 직접 행차를 다 하시고."

"자꾸 어른을 오라 가라 하면 안 되죠? 죄송해서 오늘은 제가 왔습니다. 지금 가게가 조금 한가한 시간이기도 하구요."

윤성국은 점포 창업과 함께 아르바이트 직원 한 명을 채용하여 오후 시간에 잠시 여유가 생겼다. 점심시간이 지나면 다소 손님이 뜸해지는 때를 맞추어서 필요한 업무도 보고 신제품 개발도 하고 있었다.

고진필은 녹차를 끓이면서 윤성국을 힐끗 쳐다보았다. 예전의 힘들었던 윤성국의 모습은 보이지 않았다. 자신감에 찬 얼굴에 눈을 크게 뜨고 고진필의 회사를 찬찬히 살피고 있었다.

"일전에 전화로 말씀드린 창립 1주년 기념 모임 건은 어떻게 하는 것이 좋겠습니까? 어제 박영진 실장과 통화를 했는데 예정대로 다음 주 금요일 오후에 모여서 간단한 기념식과 저녁식사 순으로 진행하면 어떠냐고 하더군요. 다른 모임에서도 그렇게 진행했답니다."

"그럼 우리도 그렇게 합시다. 특별한 행사를 하기도 그렇고요. 사실 창업하고 1년 쯤 되니까 모두들 바쁠텐데 간소하게 진행하기로 합시다."

고진필은 회의용 테이블에 녹차를 내려놓으며 대답했다.

"예, 알겠습니다. 예정대로 다음 주 금요일 오후 5시에 행사를 하도록 하겠습니다. 혹시 못 오시는 분이 있으면 식사시간에라도 참석하도록 연락하겠습니다."

> **대부분의 창업자들은 창업 후 1~3년 정도에 큰 고비를 맞는다.**
> **이 시기를 '데스밸리 Death Valley' 라고 부른다.**
> **이 시기를 거치면 비로소 안정적인 단계에 올라선다.**

CEO 경영 아카데미 1주년 행사는 큰 의미를 지니고 있다. 창업이라는 새로운 환경에 적응도 해야 하고 CEO라는 역할에 대해서도 적응해야 하기 때문에 가장 힘든 시기이다. 그래서 창업 후 1년을 유지하는 기업에게는 성공으로 가는 계단에서 경영 지원금이라는 명목으로 사업 자금을 지원하기로 되어 있었다. 1년 정도의 업력을 가진 기업은 제품이나 시장 확대, 인력 등 전반적인 분야에서 관리가 필요하다.

관리업무에 경험이 있는 창업자는 잘 적응하지만 관리 경험이 없는 창업자는 이 시기에 전문가에게 의뢰하여 기업의 성장 현황을 살펴보고 문제점을 파악하여 대책을 수립하는 경영 진단을 실시하는 것이 바람직하다.

기업은 하나의 생명체다. 사람처럼 살아가면서 아픈 곳은 없는지 수시로 파악하고 관찰하여야 한다. 물론 CEO나 직원들이 자각하는 문제점도 있겠으나 객관적인 시각을 가지고 평균적인 기업의 모습과 비교하여 솔직하게 문제를 인정하는 태도도 필요하다.

"윤사장은 요즘 어때? 장사는 잘 되나?"

"아, 제가 점포를 오픈했다고 말씀 드렸던가요? 벌써 한참 되었네요."

"그야 알지. 가보지는 못했지만. 성공했네."

"아직 성공이야 멀죠. 고사장님은 잘 되시죠?"

"그만 그만하지. 안 그래도 어제 문제가 좀 있어서 며칠 전에 황보승훈 차장 만나고 왔어."

"아, 그래요. 커피프랜즈도 잘 되고 있죠?"

"응, 잘 지내지. 그쪽도 바빠서 정신 없더군."

"모두 바빠서 행복합니다."

"그래. '바빠서 행복하다.' 멋진 말이네, 그 말."

"그런데, 무슨 문제가 있으신 겁니까?"

고진필 사장은 갑자기 심각한 표정으로 얼마 전부터 진행 중인 생산량 증가에 따른 회사의 문제점을 얘기했다. 한참을 듣고 있던 윤성국이 맞장구를 쳤다.

"진짜 비슷하네요. 저도 요즘 돈 때문에 고민입니다."

"자넨 왜? 자네야 규모가 그리 크지 않으니 운전 자금이 갑자기 많이 필요하지는 않을 텐데?"

"사실은 저도 점포를 하나 더 낼까 생각중입니다. 프랜차이즈 점포 말입니다."
"어? 그래. 그렇다면 자금이 더 필요하겠네. 그게 규모의 경제, 그거지?"
"예, 그렇습니다. 현재 점포에서 나오는 이익이 한계가 있으니 신규 점포를 내면 원료 구입비용은 줄이고 동일한 관리 방법으로 이익은 두 배가 되는 거죠. 얼마 전에 프랜차이즈에 투자하겠다는 사람들이 연락을 해왔어요."
"오, 그거 잘 됐네."
윤성국의 말을 듣던 고진필이 손바닥을 마주치며 기분 좋은 소리를 냈다.
"그런데 문제가 있습니다. 투자를 제안했던 사람이 회사의 지분을 달라는 겁니다. 경영에 참여하겠다는 거죠. 그래서 고민 중입니다. 제가 직접 하자니 자금이 없고 투자자는 경영권을 달라고 하고."
고진필 사장은 윤성국을 바라보며 입을 열었다.
"그것도 고민해야겠네. 물론 투자자가 있어서 규모를 키우는 것은 좋지만 경영권을 내 준다는 게 쉽지는 않겠는데……"
"예, 제 생각도 그렇습니다. 사실 규모가 큰 상태라면 프리미엄이 있어서 좋은데, 아직은 규모도 작고 금액도 얼마 되지 않아요. 어떻게 해야 할지 모르겠습니다."
두 사람이 대화를 나누는 사이 윤성국의 휴대폰이 울렸다. 윤성국이 발신자를 확인하더니 미소를 지으며 전화를 받았다.
"안녕하십니까? 김사장님. 잘 지내시죠?"
윤성국의 목소리에서 반가움이 묻어 나왔다. CEO 경영 아카데미에서 함께 공부했던 코스메티카의 김종일인 모양이었다.
"예, 다음 주 금요일에 모일 겁니다. 예, 그날은 뵈야죠. 바쁘더라도 오세요. 예, 예. 수고하세요."

> 창업에서의 투자와 경영권 참여는 다르다. 단순한 투자자인 경우에는 투자한 다음 투자금에 대한 이자비용 혹은 몇 년 후의 이익규모에 따른 배당을 요구하게 된다. 경영권 참여의 경우에는 투자자의 투자금이 자기 자본으로 바뀌기 때문에 이자비용이나 배당은 없지만, 주주로서 의사 결정권을 가지게 되므로 신중한 판단이 필요하다. 규모가 작은 기업의 경우에는 60~70% 정도의 주식 지분을 CEO가 가지게 되면 크게 문제시 되지 않는다. 그러나 지분율이 50% 이하로 내려갈 경우에는 경영권 행사에 대한 세심한 주의가 필요하다. 이런 경우에는 꼭 전문가와 상의해서 판단해야 한다. 섣부른 투자 유치나 경영권 조정 등은 돌이킬 수 없는 결과를 낳을 수 있다.

윤성국은 전화를 끊으며 김종일이 안부를 전하더라는 말을 고진필에게 건넸다.

"저는 그만 가보겠습니다. 저녁에 손님이 늘어서 바쁘거든요. 다음 주에 뵙고 또 얘기하시죠."

"그럽시다. 조심히 가세요."

윤성국을 배웅한 고진필은 윤성국의 자동차가 시야에서 안 보일 때까지 그냥 서 있었다. 윤성국을 배웅하고 나서 쉽사리 발걸음이 떨어지지 않았다.

어제 황보승훈과의 만남에서도 신제품 생산에 대한 해결책을 얻지 못했기 때문이다. 오늘 오전에 신용으로 자금을 빌릴 수 있다는 기술보증기금을 찾아가서 상담했지만 현재 매출 규모에 비해 차입금 규모가 커서 일부 보증서 발행은 가능하지만 원하는 만큼 자금을 지원받기는 어렵다는 답을 듣고 왔던 터였다. 잘 달리던 고속도로에서 뜻하지 않은 장애물을 만난 기분이었다. 갑자기 모퉁이를 돌면서 발견한 장애물. 이대로 가다가는 정면충돌로 사고가 나지 않을까.

뭔가 해야 한다. 그러나 뭘 해야 할지 모르겠다. 이것이 솔직한 심정이었다.

창업은 경쟁의 시작?

문을 열자 CEO 경영 아카데미 교육과정을 알리는 광고판이 나타났다. '비즈니스 카페-성공으로 가는 계단'은 여전히 그 곳에 있었다.

고진필 사장이 과정을 마친 후 새로 개설된 과정인 듯 했다. 1년 전의 일들이 머릿속에서 지나갔다.

"고대표님, 어서 오십시오. 그동안 잘 지내셨죠?"

CEO 경영 아카데미의 운영을 맡고 있는 김미영 주임이었다.

"아, 반갑습니다. 김주임, 어? 아니네. 김 대리님이네. 진급하셨네요. 축하해요."

고진필은 반가움에 인사를 하다말고 명찰에서 그녀의 직급이 바뀐 것을 알아 차렸다. 고진필이 CEO 경영 아카데미를 마친 게 벌써 일 년 전이니 많은 것들이 변해 있었다.

입구에는 CEO 경영 아카데미 1주년 기념행사를 알리는 내용이 알림판

가운데 자리 잡고 있었다. CEO 경영 아카데미는 과정 수료 후에 창업을 하여야 하며 1년을 유지한 사람들에게는 운전 자금 1억 원을 지원하는 파격적인 교육 과정이었다.

창업자에게 있어서 창업 교육뿐만 아니라 창업 자금도 중요한 문제이기 때문에 이 과정은 인기가 있었다. CEO 경영 아카데미 수료 후 1년이 지나면 다시 모여 그동안의 진행과 사업 현황을 검토하고 공동의 관심사를 토의한다. 이 내용을 토대로 실제 경영 사실과 현황을 확인한 후 창업 자금을 지원하기로 되어 있었다.

CEO 경영 아카데미 연례 회의는 교육과정이 진행되었던 교육장에서 다시 진행되었다. 고진필이 먼저 들어오고 황보승훈과 이경희 부부가 들어왔다. 세 사람은 반가운 인사를 나누며 테이블에 앉았다.

자리에 앉기 무섭게 황보승훈이 고진필을 바라보며 한숨을 쉬었다.

"결국 일 났습니다. 고사장님."

"왜? 무슨 일?"

고진필은 1주일 전에 만났을 때도 별일 없었는데 무슨 일이냐며 황보승훈과 이경희를 번갈아 바라보았다.

"말도 마십시오. 며칠 전에 저희 가게 옆에 커피 전문점이 새로 들어온다고 하는 바람에 걱정입니다."

"허허, 그래? 큰일이네. 이제 자리 잡아 가는데 경쟁업체가 생기면 매출에 영향을 주는 거 아니야?"

고진필이 걱정스러운 말투로 황보승훈을 위로하자 옆에서 이경희가 힘 빠진 목소리로 대답했다.

"역시 사업은 어려운 것 같네요. 아무리 마음을 다져도 가게에 나가면 걱정만 앞섭니다. 오늘은 또 손님이 얼마나 줄어들까 하는 생각밖에 들지 않는다니까요."
"야, 커피 시장도 전쟁이구만."
고진필이 이경희에게 위로의 의미로 맞장구를 쳤다.
"맞습니다. 요즘은 온통 전쟁터입니다. 예전에는 전쟁도 아기자기하게 했잖습니까? 저희처럼 작은 점포를 운영하는 사람들은 간판이나 골목에 내놓은 광고판 정도가 고작이었는데 요즘은 대형 프랜차이즈가 하나 입점하면 거의 폭탄 수준입니다. 주위에 작은 매장들을 옴짝달싹 못하게 만듭니다. 대형 브랜드들끼리 전쟁하는 통에 작은 매장은 완전히 고래 싸움에 끼인 새우 신세입니다."
몇 마디 얘기를 주고받는 사이 함께 강의를 들었던 사람들이 하나둘씩 회의실로 들어섰다.
감색 양복으로 멋을 낸 윤성국은 고진필을 보자마자 며칠 전에 만났음에도 오래 전에 헤어진 형제가 상봉하듯이 끌어안았다.
"고사장님, 잘 지내시죠?"
"응, 자네도 별일 없지? 참, 그 투자 건은 어떻게 됐나?"
고사장의 질문에 윤성국이 대답하려는 찰나 뒤이어 들어온 사람들과 인사가 이어졌다.
잠시 후 박영진 실장이 회의실로 들어오면서 그들의 시끌벅적한 인사가 끝났다. 사람들의 목소리가 잦아들기를 기다리던 박영진 실장이 인사말을 했다.
"그동안 잘 지내셨지요?"
"예, 반갑습니다."
예전 수업시간으로 돌아간 것처럼 씩씩하게 대답을 하던 사람들이 자신의 목소리에 놀란 듯 웃었다.

"오늘은 지난 1년 동안 사업을 진행하신 이야기도 나누고, 경영지원금에 대해서 평가도 받으시는 자리입니다. 현재 대부분 참가자들께서 사업을 운영 중이시구요. 아쉽게도 함께 참여하셨던 원종국 선생님께서는 얼마 전 사업을 정리하셨습니다. 그래서 오늘 참여하시지 못하셨습니다.

자. 그럼, 지금부터 현재 운영 중인 사업의 현황을 브리핑해 주시고 문제점과 향후 경영 방향에 대해서 말씀해 주시면 감사하겠습니다."

원종국은 CEO 경영 아카데미 후 유기농 식품 유통업을 창업했었다. 창업 아이템을 제대로 정하지 못했던 원종국은 직장에서 일했던 경험을 살려 농촌과 도시를 연결하는 유기농산물 영업 활동을 시작했다. 창업 초기에 아파트와 기업체 등의 매출처는 확보하였으나 신선식품인 농산물의 유통 관리 방법을 제대로 반영하지 못해서 2개월 전에 사업을 포기했다고 한다. 창업 초기에 물류 시스템은 검토하지 않은 채 성급하게 매출처를 확보하고 사업을 키운 것이 화근이었다.

김종일 사장은 화장품 제조업을 운영하고 있다. 양복 대신 작업복에 등산바지와 운동화를 신은 그가 자리에서 일어섰다.

"안녕하십니까? 이렇게 새롭게 만나 뵙게 되니 정말 반갑습니다."

"어? 김사장님. 예전에는 말을 좀 더듬으신 것 같은데 오늘은 말씀 잘 하시네요?"

황보승훈이 갑자기 건물이 흔들리는 듯 몸을 들썩이며 깜짝 놀라 말했다.

"예에, 그동안 엄청나게 고생했습니다. 화장품 제조하고 영업하러 다니다 보니 말 더듬는 것을 고치지 않으면 안 되겠더라구요. 그래서 운전하는 동안 자동차 안에서도 미친놈처럼 혼자 쉴 새 없이 말하는 연습을 했습니다."

"와, 대단하십니다."

황보승훈이 박수를 치자 모두가 힘찬 박수를 보냈다.

"아니, 뭐 갑자기 박수를. 감사합니다. 지금도 작업하다가 급하게 나오는 바람에 양복도 입지 못했습니다. 죄송합니다."

김종일은 코스메티카㈜라는 화장품 회사를 운영고 있다. 화장품 회사라고는 하지만 종업원이 10명도 안 되는 작은 규모였다.

"저희 회사는 한방 원료를 주성분으로 하는 기본 화장품을 생산하고 있습니다. 로션이나 스킨, 샴푸, 비누 등을 만들고 있는데요. 앞으로 다양한 제품을 더 개발할 생각입니다. 앞으로도 많이 도와주십시오."

"김사장님은 어떤 부분에서 경영하시기가 어려우신가요?"

박영진 실장이 물었다.

"저는 영업 활동이 제일 어렵습니다. 아시는 바와 같이 화장품 시장은 대기업들이 절대적으로 시장을 점유하고 있어서 작은 회사들이 시장에 직접 판매하기는 어려운 유통 구조입니다. 지금까지는 판촉물이나 답례품 등의 특수 판매시장에서 주로 영업을 했습니다만 앞으로는 수출을 해볼까 합니다. 동남아 시장 쪽으로는 수출 가능성이 많다고 하니 해외 전시회도 참가하고 시장도 넓힐 생각입니다."

"수출의 역군이 되시겠군요. 감사합니다."

박영진 실장과 함께 모두가 힘찬 박수를 쳤다.

다음은 윤성국의 차례였다.

"저는 CEO 강좌가 진행될 때 창업을 했습니다. 처음에는 길거리 창업이었지만 5개월 전에 매장을 오픈해서 운영하고 있습니다."

"예, 역시 잘 성장하고 계시는군요. 박수 한 번 쳐 주시죠."

박영진 실장의 힘찬 목소리에 모두의 박수 소리가 회의실 안을 퉁퉁 울렸다. 박수 소리가 작아지자 박영진 실장이 경영에 어려운 점이 없는지 물었다.

"앞서 김종일 사장님께서는 마케팅이 문제라고 하셨는데, 저희는 규모를 키우는 것이 문제입니다. 최근에 투자 제안을 받았습니다. 프랜차이즈 사업을 해 보자는 분이 있어서 추진 중에 있습니다만 그동안 제가 해왔던 것과 다른 점이 많아 어려움을 겪고 있습니다. 말이 쉬워서 프랜차이즈 사업이지 실제로 사업을 확장하려고 하니 제약도 많고 힘이 듭니다. 처음에는 맛있는 토스트를 만들어서 고객을 즐겁게 하면 된다고 생각했지만 생각과 현실은 판이하게 다릅니다."

뒤이어 고진필과 황보승훈의 발표가 끝나자 박영진 실장이 앞으로 나섰다.

"현재 여기에 모이신 CEO분들과 여러분의 기업은 사람으로 보면 이제 막 유아기를 맞으신 겁니다. 발걸음을 내딛기도 어렵고 때로는 모르는 것도 나타나고 가끔씩은 힘이 없어서 넘어지기도 합니다. 그러한 일들은 모든 기업이 겪는 일입니다. 이 시기를 잘 이겨내셔야 성장하는 기업으로 갈 수 있습니다. 여러분께 지급되는 경영 지원금은 저희 회장님의 경험에서 비롯된 것입니다. 저희 회장님께서도 사업 초기에 자금 운영을 잘 못 하시는 바람에 너무 심한 고생을 하셨다고 합니다."

㈜미래그룹도 창업 초기 해외 시장을 개척하면서 1억 원 정도 되는 제품을 바이어의 신용만 믿고 납품했다가 바이어가 물건만 받고 잠적하는 바람에 회사가 쓰러질 뻔 했다고 한다. 그래서인지 ㈜미래그룹은 현금 거래를 원칙으로 하고 해외 시장의 경우에는 60% 이상이 입금되지 않으면 제품을 보내지 않는 정책을 고수하고 있다.

"모든 분들이 현재의 어려움을 잘 이겨내시기를 바랍니다. 다시 1년 후에는 여기에 계신 분들이 새로운 후배 CEO들의 좋은 멘토가 되어 즐겁게 사업을 할 수 있는 기업 문화를 만들어 주실 것을 부탁드립니다."

그리고 경영 지원금은 제가 각 회사를 방문하여 회사의 운영 상태를 확인하고 그동안에 발생한 문제점을 같이 고민하면서 개별적으로 활용할 수 있도록 회장님께 말씀을 드리겠습니다. 문제를 안고 있는 상태에서 자금 지원은 밑 빠진 독에 물붓기가 되겠죠? 일단 창업 이후에 발생할 수 있는 문제점과 그에 대한 해결방법을 모색하면서 자금 집행이 이루어질 수 있도록 하겠습니다.

그럼 공식적인 모임은 이것으로 마치겠습니다. 준비된 다과 드시면서 경험도 공유하시고 해결책도 공유하시기 바랍니다. 저는 여러분의 회사에서 다시 뵙도록 하겠습니다. 감사합니다."

모든 사람이 힘찬 박수를 쳤다. 그것은 서로가 서로에게 보내는 격려의 박수이자, 스스로에게 보내는 대견함의 칭찬이었다. 어려운 CEO의 역할을 충실히 이겨내고, 어둠 속에서 새로운 길을 안내하는 빛 같은 존재가 되기 위한 스스로와의 약속이었다.

10 사장도 시간 관리를 해야할까?

한 설문조사에 따르면 제조업체에서 근무하는 직원들은 하루 근무시간 중에서 업무에 집중하는 시간은 대체로 55% 이하라고 한다. 특히 저녁 식사 후 야근을 하는 경우 업무의 60~70% 정도는 업무 시간 내에 할 일을 하는 것이라고 한다. 회의와 면담 등 잔무를 하는 바람에 일이 늘어진 것이라는 의미이다.

또한 많은 회사에서는 일찍 퇴근하면 눈총을 주는 부서장과 임원이 있고 심지어는 CEO도 일찍 퇴근하는 직원을 곱게 봐주지 않는다. 이러니 직원들이 굳이 일찍 퇴근해서 욕먹을 일이 없지 않은가? 그러니 열심히 일하는 모습을 보여주기 위해서는 저녁에 할 일을 남겨두지 않으면 안 되는 것이다.

직원들만 시간을 잘 관리하는 것이 중요한 게 아니라 CEO의 시간 관리도 중요하다. CEO는 해야 할 일이 많으므로 업무의 목적과 성격에 따라 시간을 사용할 필요가 있다. 흔한 예로 CEO가 주관하는 회의에 참석해보면 20분 만에 끝날 회의가 직원들을 독려하는 말이 길어져서 1시간을 넘기기가 예사다.

> **망하는 기업의 공통점은 회의시간이 길어지는 것이다.**

　회의의 기능은 두 가지다. 의사 결정을 위한 정보의 공유와 의사 결정이다. 회의의 목적이 명확하지 않은 경우 회의는 시간 낭비다. CEO를 비롯한 경영층이 사용하는 시간 중 회의 시간이 상당히 많은 편이다.
　기업의 업무를 구체적으로 구분하면 다음의 표와 같다

구분	점유율(%)
실제로 필요한 일	40%
도움은 되지 않으나 해야 하는 일	20%
완전히 필요 없는 일	40%

　하루 업무 투입 시간을 분석하여 완전히 필요없는 40%의 일을 제거하는 것이 시간 관리에서 가장 중요하다. 주어진 시간은 누구에게나 동일하다. 어떤 CEO는 기업의 성장과 사업의 확장을 원활하게 하는데 비해 어떤 CEO는 너무 바빠서 회사에서 얼굴을 볼 수 없는 경우가 수두룩하다.
　창업 초기에 CEO가 바빠서 자리를 비우면 정상적인 회사 경영이 가능한지 질문하고 싶다. 시간 관리의 기술을 익혀 시간을 효율적으로 사용하도록 해보자.
　효율적인 시간 관리의 방법은 집중과 업무 매뉴얼화다.

예를 들어 집중 근무 시간제를 운영하는 경우 일정 시간, 예를 들면 오전 10시에서 12시까지 정한 다음 휴대전화를 포함한 일체의 전화를 금지하고 회의도 없이 자신의 업무에 집중하도록 한다. 매일 운영이 어렵다면 이틀에 한 번 꼴로 운영하는 것이 좋다. 보통 2시간의 집중 시간제를 운영할 경우 대체로 하루 업무의 80% 이상이 처리되는 것을 볼 수 있다.

회의도 마찬가지다. 어떤 CEO는 하루 종일 회의에 참석하는 횟수가 5~6회를 넘는 경우도 있다고 한다. 이런 경우에도 집중 회의 시간 제도를 도입한다. 회의의 목적이 정보 공유라면 '정보공유'라고 제목을 쓰고, 대책 검토라면 '대안창출'이라는 목표를 정해 놓고 진행한다. 이렇듯 회의 진행에 필요한 주제어를 확실하게 보여 주면 회의와 관계없는 의견을 제시하는 것을 막을 수 있으며 반대를 위한 반대 등으로 시간을 낭비하는 것도 없앨 수 있다.

개인이 활용할 수 있는 시간 관리방법 중에는 업무 매뉴얼을 명확하게 작성해서 업무의 중복이나 누락을 방지하는 경우도 있다. 업무 낭비 요소의 대부분이 누락된 업무의 뒷처리에 쓰이고 있다.

흔한 사례로 컴퓨터에 저장해 둔 파일을 찾는데 엄청난 시간을 쓴다. 이런 경우에는 컴퓨터 파일을 보관하는 폴더를 만드는 방법, 정렬 순서, 파일 이름 짓는 방법에 이르기까지 상세하게 지정해 놓으면 누구라도 금방 파일을 찾아낼 수 있다.

> **필자의 컴퓨터 파일 이름짓기**
>
> 사례) 성공에게 창업의 길을 묻다 V.1 - 장대균_201×년××월××일
> 파일 제목을 붙이는 순서는 파일제목, 수정횟수,
> 작성자_작성일자이며 나열하듯 표기한다.
> 보관하는 폴더도 일련번호를 작성하여 관리하면 쉽게 파일을
> 찾을 수 있고 수정한 내용과 혼동할 염려가 적어진다.

시간은 이익과 직결되는 가장 중요한 자산이므로 시간 관리를 위한 아이디어를 짜내는 것이 수백 배의 이익을 주기도 한다.

11 낭비되는 시간을 돈으로 바꾸는 방법

 시간 관리는 어디에 시간을 써야 할 것인가를 결정하는 것에서 시작한다. CEO의 중요한 업무 중 하나는 의사결정이다. 무엇부터 할 것인가를 정하는 기준은 무엇일까?

 우리가 하는 일을 나누면 다음과 같이 4분면으로 구성되어 있음을 알 수 있다.

중요도 \ 시급성	낮음 ⟶	높음
낮음	1분면 급하지도 중요하지 않은 일	2분면 급하지만 중요하지 않은 일
↓ 높음	3분면 중요하지만 급하지 않은 일	4분면 중요하고 급한 일

■ 업무 사분면 분석표

각 분면에 들어가는 일의 종류를 나열해 보면 다음과 같다.
- 1분면 : 급하지도 중요하지도 않은 일

  TV시청, 인터넷 검색, 게임하기, 수다 떨기, 휴가 계획 짜기 등
- 2분면 : 급하지만 중요하지 않은 일

  중요하지 않은 이메일 확인, 휴대전화 문자, SNS 메시지 관리, 불필요한 회의
- 3분면 : 중요하지만 급하지 않은 일

  개인적 업무, 목표 수립, 공부, 동창회, 사회적 모임들
- 4분면 : 중요하고 급한 일

  긴급한 보고서, 비상사태 대응을 위한 회의자료, 생명과 관계된 운동하기

업무의 우선순위를 선정하는 것은 개인에 따라 차이가 있다. 시급성과 중요성을 평가하고자 하였지만, 때에 따라서는 일정 계획이 포함될 수도 있고 때로는 보상의 차이도 포함될 수 있다. 개개인에게 맞게 우선순위를 지정하는 기준을 세워야 한다.

그리고 업무 일정 계획표에 A, B, C, D로 쓰든지 1, 2, 3, 4로 쓰든지 업무에 우선순위를 표시하는 습관을 가져야 한다. 그리고 모든 업무는 즉시 처리하는 버릇을 들여야 한다. 바쁜 CEO일수록 모든 일을 즉각, 즉시, 빠르게 대응하는 것을 볼 수 있다.

빠른 의사 결정이 기업의 성장과 원가 절감과 직결되는 CEO의 일임을 꼭 기억하자.

시간 관리를 위하여 많이 활용하는 도구는 다이어리나 스마트폰, 컴퓨터를 이용한 일정관리 소프트웨어다. 다이어리나 일정관리 소프트웨어를 이용함에 있어서 중요한 것은 업무 계획과 결과 관리가 모두 이루어져야 한다는 점이다.

CEO들이나 직장인들의 경우 하루의 업무를 계획하는 데 필요한 시간은 10분이면 충분하다. 많은 사람들이 매일 반복되는 일과인데 계획이 무슨 필요가 있냐고 반문하면서 계획 없이 하루하루를 살아가고 있다. 그러나 이는 긴 시간의 흐름에서 본다면 아무런 성과없이 지나가는 의미 없는 시간의 연속일 뿐이다. 목표 없는 시간은 아무것도 남지 않는다.

시간 관리를 위해서는 하루 또는 일주일 단위로 해야 할 일을 기록해 둔다. 다이어리를 사용한다면 약속이나 업무를 실행해야 할 날짜에 포스트 잇 등을 이용해서 메모를 한다. 해야 할 일이 파악되고 날짜가 다가오면 일의 우선순위를 결정한다.

우선순위는 꼭 해야 할 일, 해도 되고 안 해도 되는 일, 미루어도 되는 일, 아직 완료 일정이 남은 일 등으로 구분한다. 구분된 일들은 각각 자신만의 표시법으로 구분한다. A, B, C, D도 좋고, 1, 2, 3, 4도 괜찮다.

다음 단계는 이른 아침 업무를 시작하기 전에 다이어리의 시간표에 소요 시간을 30분 단위로 예상해서 기록한다. 15분 단위로 구성할 수도 있으나 대외 업무가 많거나 이동하는 시간 등을 감안한다면 30분이 적당하다.

업무 계획에서 중요한 것 중에 하나는 전화를 해야 하는 일과 인터넷 메일 작성 등도 업무로 구분하여야 한다는 점이다. 실제로 서류제출이나 은행 방문, 관공서, 고객 면담 등을 업무로 기록하는 경우가 있는데

이는 업무에 대해서 완벽하게 이해했다고 볼 수 없다.

 업무 시간 관리표 또는 타임로그Time Log를 작성할 때는 계획 항목에 전화 또는 서류작성, 이메일 보내기 등을 적어 두고 관리할 필요가 있다.

 전화해서 확인하는 업무라든지, '내일 오후에 전화 드리겠습니다.'라고 약속한 것들은 잊어버리기 일쑤다.

 한 달 동안 시간 관리표를 작성해 보자. 자신에게 일어났던 일 중에서 진짜 필요하고 시급한 일들을 위하여 할애된 시간이 얼마나 되는가 계산해 보면 웃음이 절로 날 것이다.

 '겨우 이 일을 하려고 그렇게 바쁘게 살았던 것인가?'

 가끔은 천천히 일을 해도 아무런 문제도 생기지 않는다는 것을 알게 된다.

업무 시간 관리표

년 월 일 부서명: 작성자:

결재	작성	검토	승인

오늘의 예정 업무			예정일정	실행확인
업무 내용	관련자	중요도	9:00	
			9:30	
			10:00	
			10:30	
			11:00	
			11:30	
			12:00	
			13:00	
			13:30	
			14:00	
			14:30	
			15:00	
			15:30	
			16:00	
			16:30	
			17:00	
			17:30	
기록 사항			18:00	
			18:30	
			19:00	

* 특이사항

12 시간 관리표를 작성해 보자

> 회사의 출근시간과 업무시작 시간과의 관계를 명확하게 정의하라.
> 업무 시작 시간보다 20분 전에는 도착해야 한다.
> 출근시간만 지키려고 하지, 업무시작 시간에
> 대한 개념은 없다.

우리가 착각하는 시간 개념이 있다. 출근·퇴근시간과 업무 시간에 대한 정의다. '출근시간과 업무 시작 시간이 같은가?'라는 질문을 하면 쉽게 이해가 될 것이다.

대부분의 기업에서는 업무 시작 시간이라는 표현 대신에 출근시간이라는 표현을 사용한다. 출근시간이 9시라고 공표한 회사에서는 업무를 9시에 시작하겠다는 의미이다. 그렇다면 직원이 9시에 출근하면 어떻게 되는가? 출근해서 커피 한 잔하고, 어제하던 업무를 정리하고 오늘 일들

계획하고 나면 벌써 오전이 다 지나간다.

업무 시작이 9시라면 사무실에는 늦어도 20분 전까지 도착해야 한다. 일일 업무 계획을 세우는 데도 10분 정도는 소요되고 잠깐이라도 책상을 정리하고 컴퓨터를 부팅하는 시간도 필요하다.

> **9시 출근 시간에 맞춰서 허겁지겁 사무실로 뛰어 들어온 직원이 제대로 업무를 진행할 수 있을까?**

나는 일정 관리를 위해 다이어리를 사용한다. 각종 강의 일정, 업무 미팅과 회의, 보고서 마감시한 등의 정리가 필수적인 직업이라 수첩용 다이어리의 일정표와 탁상용 달력 두 가지를 동시에 사용하였는데, 스마트기기를 구입한 이후에는 주로 스마트폰과 스마트패드의 일정을 동기화하여 사용한다.

업무상 일정이 생기는 경우, 먼저 스마트패드에 입력하고 나중에 완전히 확정되면 탁상용 달력에 기입한다. 업무가 진행되거나 완결되면 탁상용 달력에 파란색 볼펜으로 완결 혹은 미비사항을 한 번 더 기록해서 증거를 남긴다.

일반적으로 활용하는 다이어리를 활용하면 시간 관리에 제일 좋으나, 효율적인 업무 시간 관리 방법을 설명하기 위하여 첨부된 일일 업무 시간 관리표를 추천한다. 첨부된 업무 시간 관리표는 CEO뿐만 아니라 직원들이 활용해서 업무 일지로 사용하면 효과적이다.

업무 시간 관리표는 출근과 동시에 예정 일정을 기록한다. 며칠 전부터 계획된 일이 있다면 약속된 날짜 페이지에 미리 적어둔다, 이때는 연필을 이용하여 기록한다. 일정이 확정되면 볼펜으로 다시 작성한다. 이렇게 하면 약속을 잊어버릴 일이 거의 없다.

출근 후 업무 시간 관리표를 펼치면 해야 할 일이 보이는데 이때부터 업무의 우선순위를 정하고 시간대별로 업무 처리 계획을 세운다. 추가적으로 필요한 업무 특이사항은 별도로 메모하면 하루 업무 계획이 마무리된다.

그 다음에는 책상에 올려두고 시간대별로 진행이 된 경우에는 실행확인란에 ●로 표시한다. 하루 일과가 끝나는 시간에 맞추어 업무 시간 관리표를 보면 오늘 계획한 일들을 모두 처리했는가를 확인할 수 있다.

업무를 마치는 퇴근 시간에는 하루에 계획된 일들을 추진 상황에 따라 점검한다. 미결된 업무들은 50%, 80% 등으로 진행 상황을 나타낸다. 업무 시작 후 한 번도 검토하지 않았던 일이 갑자기 완결될 수는 없으므로 수시로 진행상황을 체크하여야 한다. 오늘 처리하지 못한 일 중에 다음 날 할 수 있는 일은 다시 다음 날 시간 관리표에 적어 두고 퇴근한다.

업무 시간 관리표를 시간의 흐름에 따라 30분 단위로 기록해 보면 일개월만 지나도 앞에서 설명한 업무 사분면을 분석할 수 있다. 사분면 분석을 통하여 1분면에 위치하는 급하지도 중요하지도 않은 일들을 줄이는 것이 업무 시간을 효율적으로 활용하는 방법이다.

업무시간 관리표를 추천하면 처음 시작하는 사람들 중에서 이 시간 관리표 작성이 귀찮아서 그만 두는 경우가 많지만 실제로 작성해보면 업무를 10분 단위로 관리할 수 있다. 약 3~4개월의 시간이 지나면 1사분면에 위치하는 급하지도 중요하지도 않은 일들이 줄어들 것이다.

생각해보라. 하루 10분을 투자해서 내가 낭비하고 있는 인생의 40%의 시간을 돌려받을 수 있다면 멍하니 쳐다보고 있을 것인가?

실행하자. 머뭇거릴 시간이 없다.

초보 사장의 경영이야기 ─ CEO에게 주어진 시간

고진필 사장은 항상 일이 우선이다. 창업하면 여유가 생길 줄 알았지만 실제로는 그렇지 않다. 가족과의 시간은 어떻게 보낼까? 요즘 부인에게 가장 많이 듣는 말이 "당신은 왜 항상 시간이 없다고 해요?"라는 말이다.

토요일 아침, 숙취 때문에 늦게 일어난 고진필은 주방으로 가서 시원한 물 한 컵을 들이켰다.

창업을 하고 나면 토요일이나 일요일은 정말 느긋하고 편하리라 생각했다. 그러나 창업을 하고 1년째인 지금까지 토요일은 고사하고 일요일이며 공휴일을 맘 편히 쉬지 못했다.

토요일 아침 6시 30분. 평소 출근 때보다 30분이나 늦게 일어났다. 고진필은 ㈜미래산업의 품질보증부장으로 근무할 때는 7시쯤 일어나서 출근 준비를 했다. 집에서 회사까지 자동차로 불과 15분이면 도착하는 거리이기 때문에 지각 걱정은 없었다.

그러나 창업 후에 훨씬 힘들어진 것이 사실이다. 7시면 벌써 출근길에 오른다. 회사의 업무 시간은 8시 30분부터다. 그가 굳이 8시 30분 이전에 출근할 필요도 없다. 회사까지의 거리는 자동차로 30분 정도이니 집에서

8시에 출발해도 지각은 아니다.

하지만 엄청난 교통 체증 때문에 늦게 출발하면 출근시간이 한 시간을 훌쩍 넘기는 날이 허다했다. 도로 위에서 보내는 시간도 아깝고 가만히 서 있는 자동차에서 없어지는 기름도 아깝다는 생각에 30분 일찍 출근을 시작했다. 그래서 7시가 되면 집을 나섰던 것이다.

오늘은 토요일이기도 했지만 어제 있었던 CEO 경영 아카데미 연례모임 이후 식사 자리에서 오랜만에 허심탄회한 얘기를 하다 보니 늦게 잠자리에 들었다.

어제 모임에서 오고 갔던 이야기의 핵심은 사업의 안정화에 관한 것이었다. 함께 출발한 CEO 경영 아카데미 멤버들은 대체로 무난하게 창업기를 지나 이제는 각자 기업의 색깔과 형태를 찾아가고 있었다.

회사마다 크고 작은 문제들도 드러나기 시작했다. 아니 드러났다기보다는 경영자들이 이제야 문제를 볼 줄 아는 경지에 도달한 것이다. 창업 후 처음 몇 달 동안은 무얼 하는지도 모르고 어떻게 해야 하는 지도 모르는 시간들이 흘러갔다. 하는 일마다 시간이 걸리고 제대로 되는 것은 없고 항상 마음만 바빴다. 일하고 있는 동안에도 또 다른 일이 생기고 처리 못한 문제가 있는 데도 여기저기서 또 다른 일거리가 생긴다. 그러던 것이 이제는 자신의 문제가 무엇인지 정의할 수 있는 수준에 도달했다.

이야기를 나누다 보니 초보 경영자들이 꼽는 공통적인 문제점은 '돈'이었다. 처음에 생각했던 사업 자금의 규모와 실제 창업 이후에 소요되는 자금의 차이가 30%정도, 많이 차이가 나는 경우는 두세 배 이상 차이가 나기도 했다. 역시 돈을 벌기 위해서는 돈과 친해지고 돈의 속성을 잘 알아야 한다는 생각이 들었다.

다음으로 많은 의견은 제품, 사람, 시장 경쟁 등이 토론의 주제가 되었다.

그러고 보면 '창업을 해야지.'라는 목표에서 이제는 '제대로 경영하기'라는 목표로 바뀌는 중이었다.

CEO 경영 아카데미를 시작했을 때 코디네이터 역할을 했던 박영진 실장이 했던 말이 생각났다.

"아무리 작은 가게도 경영이 필요합니다. 큰 기업도 경영의 원칙은 같습니다. CEO 혼자만 잘 한다고 해서 성공하지 않습니다. 경영전략을 충분히 검토하고 준비해야 하는 것이 이런 이유 때문입니다."

> **경영자여, 당신은 행복한가?**
> **행복에 대해서 고민해 보았는가?**

고진필은 욕실에서 면도거품을 얼굴에 바르다가 퀭한 눈을 하고 있는 낯선 사람을 만났다.

'누군가? 당신은. 당신은 행복한가?'

고진필은 거울 속에 있는 타인에게 물었다.

'도대체 당신은 왜 출근 준비를 하는가? 많은 사람들이 산으로, 바다로, 아니면 자신의 즐거움을 찾아서 떠나는 토요일 아침에 무엇을 얻고자 출근 준비를 하고 있는가?'

면도기를 움직이는 그의 손길을 따라 얼굴을 가리고 있던 거품이 조금씩 사라져 갔다. 면도가 끝났다고 해서 의문이 모두 사라진 것은 아니었다. 면도를 깔끔히 했다고 생각하는 날에도 손으로 면도한 부위를 만져보면 턱 안쪽에 삐죽 나와 있던 한두 가닥의 수염이 만져지곤 한다.

어떤 날은 귀 밑에 잘 보이는 곳인데도 깍이지 않고 길게 자라있는 수염 한 올을 발견하면 흠칫 놀라기도 한다.

'왜 이것을 못 봤을까? 전혀 안 보이는 곳도 아니고 조금만 정신 차리면 볼 수가 있었을텐데.' 하며 스스로를 질책한다.

어젯밤 CEO 아카데미 연례행사 때문인지 아니면 지금 당장 해결해야 할 회사의 자금 문제 때문인지, 개운하지 않은 머리를 가로 저으며 출근 준비를 서둘렀다.

부산한 소리에 잠을 깬 고진필의 아내 김소희가 어느 틈엔가 주방에서 아침을 준비하느라 분주하다. 이른 아침이었음에도 김소희는 고진필이 즐겨먹는 호박볶음과 된장국을 내놓았.

고진필이 식탁에 앉아 밥을 먹는 사이 그녀가 맞은 편 자리에 천천히 다가왔다.

"오늘 몇 시에 와요?"

"오늘? 글쎄, 잘 모르겠는데. 일단 가 봐야 알지. 왜?"

고진필은 부인에게 눈길도 주지 않고 숟가락을 된장국 그릇에 담그며 대꾸했다.

"저기,…. 아버지 병원에 한 번 가봤으면 하는데 당신이 좀 같이 가면 어때요?"

"누구, 장인어른? 왜 어디 편찮으신가?"

"아니, 꼭 아픈 건 아닌데 자꾸 소화가 안 된다고 하시네. 어제 전화했더니 소화가 잘 안 돼서 소화제 드셨다고만 하셔서 종합 검진 한 번 받으시도록 모시고 갈까 해서요?"

"그런 일이야 종합 검진 예약하고 당신이 가도 되잖아? 다음 주에 한 번 모시고 가지? 꼭 내가 안 가도 되면 당신이 가, 그냥."

고진필은 여전히 밥을 먹으며 건성으로 말했다.

지금 머릿속에는 오늘 회사에 가서 할 일들이 정신없이 그려지고 있었다. 특별히 하루 업무를 준비할 시간이 없는 그는 아침 출근시간에 하루의 일정을 계획한다. 회사에 출근하는 즉시 계획한 업무를 하나씩 처리한다. 한 가지라도 처리하지 않고 밀리면 다음에 할 일들도 계속 밀리기 일쑤였다.

CEO의 일에는 여유가 없다. 쉴 시간도 없다. 사정없이 달려들어 정신을 쏙 빼놓아야만 직성이 풀리는가 보다.

오늘도 김영국 부장과 자금 조달 방안을 협의해야 한다. 오후에는 김진국 사장에게 연락해서 같이 모이기로 했기 때문에 그 전에 방법을 강구해야 한다.

생산예정인 CM제품의 생산 능력 테스트도 마쳐야 한다. 아직까지는 전문가가 없어서 고진필이 직접 제품 생산까지 관여하고 있었다. 생각이 거기에 미치자 설비 오퍼레이터인 생산팀의 김수영 과장과 개발팀의 이호영 과장에게 얘기를 했는지 정확하게 기억이 나질 않았다.

고진필은 밥 한 술을 뜬 채로 휴대폰을 들어 김수영 과장의 핸드폰 번호를 찾았다. 통화 버튼을 누르고 입에 든 밥을 씹으면서 고개를 들어 올리던 고진필은 반대편에 앉아 있던 김소희의 얼굴을 보았다.

김소희는 팔장을 낀 상태로 돌처럼 앉아 있었다. 눈동자는 고진필을 보고 있었지만 눈에는 눈물이 고여 있었다. 조금이라도 머리를 흔들면 흘러내릴 것 같은 눈물이 맺혀 있었다.

신호음이 그치더니 김수영 과장의 씩씩한 목소리가 전화에서 들렸다.

"여보세요, 사장님? 김수영입니다."

"어, 김과장. 오늘 출근 가능한가?"

"예, 지금 출발합니다. 나중에 회사에서 뵙겠습니다."
"아, 그래."
서둘러 전화를 끊은 고진필은 전화기를 내려놓고 부인을 바라보았다. 김소희의 눈동자를 삐져나온 눈물은 기어이 볼을 타고 흘러 내렸다. 화장기 없는 볼 위로 메마른 물방울 하나가 미끄러지듯이 타고 내려가 앞치마 위에서 부서졌다. 눈으로 눈물을 쫓아가던 고진필은 정신이 들었다.
"아니, 왜 그래? 여보. 왜?"
"……."
부인은 말이 없다. 말없이 돌아서서 방으로 들어가 버렸다. 방으로 따라 들어간 고진필이 다급하게 물었다.
"왜 그래, 갑자기? 나 지금 가야해."
"당신이 내 얘기 들어준 게 언제인지 기억이나 나요? 당신이 아이들 얼굴 보고 웃어준 게 언젠지 기억이나 나요?"
김소희의 눈에서는 또 다시 눈물이 흘러 나왔다. 고진필은 머릿속에서 울리는 천둥소리를 들었다.
"아니 내가 나 혼자 잘 살자고 하는 일도 아니고 사업 시작하면서 처음에 힘들 거라고 얘기했잖아? 그리고 당신이 동의해서 시작한 일이잖아?"
"그래도 어느 정도는 가정도, 가족도 생각해줘야지요? 아버지 편찮으셔서 병원에 가보자는데 그렇게 무관심하게 대답해요? 당신 아버지 아니니까 관심 없어요?"
"무슨 말을 그렇게 하는 거야? 내가 시간이 안되니까 당신이 가면 되는데 그걸 굳이 내가 가야하느냐는 말이지."
"아버지 모시고 병원가면 무슨 병이 있는지 의사하고 얘기도 하고 오랜만에 사위가 모시고 식사라도 한 번 대접하면 얼마나 좋아하시겠어요?

당신 사업한다고 말한 이후로 처가에 한 번 들린 적 있어요?"

그러고 보니 고진필은 창업하고 일 년 동안 처가에 들른 적이 없었다. 명절이나 휴일에도 부인과 딸들만 다녀오곤 했다.

"아이들하고 같이 놀아준 적이 있어요? 아침에 아이들 일어나는 시간이면 당신은 출근하고 없고, 아이들 자는 시간이 되서야 들어오고 토요일, 일요일, 공휴일까지 출근하니 이게 어디 가정이에요? 당신은 그래도 가정으로 생각하느냐구요?"

고진필은 지금 부딪히는 것은 상책이 아니라는 생각이 들었다. 그리고 말씨름하고 있을 시간도 없었다. 일단 달래놓고 다시 얘기하는 편이 더 나을 것 같다는 생각을 했다.

"여보. 일단 지금은 다른 직원들까지 출근하라고 했으니까 갔다 와서 병원에 언제 갈 건지 얘기해 봅시다. 알았지? 갔다 와서. 개발하는 제품이 다음 주부터 납품이라 오늘 마무리 안 하면 큰일 나."

고진필은 눈물도 마르지 않은 부인을 뒤로 하고 출근하면서 기분이 개운치 않았다. 물론 부인의 말이 틀린 것은 아니다. 창업한 이후로 쉬는 날 없이 일을 한 것도 사실이다. 그러나 그렇게 하지 않으면 모든 것이 끝장나 버릴지도 모른다. 사업이라는 것이 어느 순간 삐걱하는 날이면 그나마 있는 집 한 칸조차도 남지 않는다. 아내는 그걸 모른다.

고진필의 이런 상념들은 회사에 들어서면서 구름처럼 흩어졌다. 회사에 들어서자 먼저 출근한 김수영 과장이 달려왔다. 그는 플라스틱 성형기의 워밍업을 끝내고 고진필이 오기를 기다리고 있었다. 조금 있으니 개발팀의 이호영 과장도 들어왔다.

오전이 다가도록 세 사람은 CM 시제품의 생산 공정을 점검하고 초기 제품의 검사와 설비 운영을 점검하느라 정신없이 오전 시간을 보냈다. 오전이 다 갈 무렵 안정적으로 기계가 작동되면서 제품이 생산되는 것을 확인한 고진필은 현장을 빠져나와 사무실로 향했다.

사무실에 가서 장인에게 전화라도 걸어볼 생각이었다. 아프다는 데 전화라도 해야 도리라는 생각이 들었던 것이다.

고진필이 사무실로 들어서는 찰나 김진국 사장이 회사로 들어오는 모습이 보였다.

"고사장, 일찍 나왔네."

"자네 벌써 웬일이야? 오후나 되서야 시간이 난다면서? 가족들과 어디 간다고 하지 않았나?"

"그랬지. 그런데 애들이 안 간데! 집사람도 무슨 모임이 있어서 나갔다네. 나만 남았지."

"이거 남자들은 다 집에서는 왕따 신세인 모양이네. 들어가지."

고진필은 사무실 문을 열고 김진국에게 들어갈 것을 권했다.

"애들이 어릴 때 같이 놀아주고 추억도 만들어 줘야 하는데 그때는 사업 초창기라 정신없이 돌아다닌다고 같이 못 있었지. 이제 내가 조금 여유가 있으니까 애들이 바빠서 아빠하고 놀아 줄 시간이 없다네."

항상 활기차고 열정적인 모습을 보이던 김진국 사장은 가족들 얘기를 하면서는 맥이 빠진 모습이었다. 가족이라는 울타리를 지키기 위해서 열심히 일하는 것이 가장인데 정작 가족과 함께 있을 시간은 점점 없어지다니.

"자네도 그랬었나?"

"당연하지. 사업하고 일하는 가장들은 다 그럴 걸. 왜 자네도 그래?"

"응. 오늘 아침에도 집사람이랑 한바탕 했어. 장인어른 병원에 모시고 가라는데 지금 출근했잖아."

"전화는 해봤어?"

"무슨 전화?"

"아니, 이 사람아. 어른이 편찮으시다면 전화라도 해서 안부부터 물어야지. 당연한 거 아닌가?"

"그야 맞지. 나도 이제 막 기계 손 보다가 들어오는 길이야. 전화해 봐야지."

"아니 우선순위가 틀렸지. 그리고 소요 시간이 어느 쪽이 더 긴가? 자네 아직 시간 관리가 안 되는군. 일명 CEO의 시간 관리."

고진필은 김진국에게 양해를 구하고 처가에 전화를 걸었다. 실로 오랜만에 하는 전화였다. 조금 어색한 기분도 없진 않았지만 지금은 기분이 문제가 아니었다.

우려와는 달리 장인은 반갑게 그의 전화를 받았다. 이런저런 인사가 오가고 고진필이 물었다.

"장인어른, 애 엄마 얘기로는 많이 편찮으시다면서요? 일간 병원에서 검진을 한번 받으시는 것이 어떠시겠습니까? 제가 모시러 가겠습니다."

"뭘, 그렇게까지 하지 않아도 돼. 소화가 좀 안 되는 건데 뭐. 소화제 먹고 근처 병원에 가 보면 되지. 자네까지 올 것 없네. 사업한다고 바쁜 사람한테 소희가 쓸데없는 소리를 한 모양이구만."

"아닙니다. 장인어른. 종합검진 하시는 게 좋겠습니다. 제가 병원에 연락해 놓고 다시 전화 드리겠습니다."

"아니야. 바쁜 사람 괜히 신경 쓰게 만들었네."

고진필은 한사코 마다하는 장인을 설득해서 병원에 가기로 약속했다.

고진필이 통화하는 사이에 김영국 부장도 사무실에 들어와 있었다.

"많이 편찮으신가 보죠?"

"아니, 집사람 말로는 소화가 안 된다고 하셨다는데, 며칠 되신 모양이야.

집사람 등살에라도 내가 다음 주에 한 번 들러야겠어. 혹시 알 수 없으니까 말이야."
고진필은 이제 집에 가서 큰소리 칠 수 있겠다는 생각에 마음을 놓았다.

> **문제 해결의 실마리는 아는 것과 모르는 것의 차이에 있다.**

커피라도 마시려고 정수기에서 더운 물을 받고 있던 김영국에게 김진국이 손을 흔들어 시선을 돌렸다.
"영국아. 신제품 생산계획 때문에 문제 있다며 무슨 일인데?"
"아, 그거."
김영국이 고개를 돌려 고진필쪽으로 시선을 돌렸다.
"사장님, CM 생산계획은 제가 형한테는 기본적인 것만 얘기했습니다."
"응, 그래."
고진필이 김진국에게 자초지종을 설명했다.
최초의 생산 예정 수량과 ㈜풍창의 부도에 따른 물량 증가까지 설명을 다 듣고 난 김진국이 무릎을 치면서 주먹을 쥐고 손을 위로 쳐들었다.
"야, 이거 기회구만. 절호의 기회야. 단번에 메이저로 가겠는데."
고진필은 김진국이 너무 오버하는 것 같아서 다소 못마땅했다. 눈을 찌푸리며 김진국을 말렸다.
"이보게. 김사장. 자네 너무 한 쪽 면만 보는 거 아닌가? 수주 물량이 늘어난 것은 좋지만 생산 능력이 전혀 안 돼. 현재 우리가 가진 설비로는 수주물량의 30%밖에 안 된다니까."

"그럼, 방법을 찾아봐. 방법을! 그게 경영자가 할 일이지."

"생산 설비를 새로 구입하고 원료까지 구매하려면 자금이 엄청 들어가. 이쪽저쪽 알아봤는데 자금 융통할 데는 없고 말이야."

고진필의 한숨 섞인 말을 듣고 있던 김진국 사장은 답답하다는 듯 얼굴을 찌푸렸다. 고진필을 보던 김진국이 입을 열었다.

"이보게, 고사장. 아니 생산하는 방법이 자네가 기계 사고 원료 사서 만드는 방법 밖에 없나? 아는 플라스틱 제품 제조회사 없어? 다른 회사에서 개발했으면 금형은 있을 것 아닌가?"

"그렇겠지. 개발이 완료됐으니 당연히 있겠지."

고진필이 퉁명스럽게 대답했다.

고진필은 도대체 김진국이 무엇 때문에 자기에게 저리도 딱하다는 표정을 보이는지 짜증이 났다. 수사관에게 취조 당하는 기분이었다.

"그럼, 금형만 자네가 매입해서 외주 가공 처리하면 되잖아? 안 그래?"

순간 고진필은 멍해졌다. 김진국이 나무라는 듯한 말투로 말을 이었다.

"미래산업에서 원하는 것은 안정적인 제품 공급이잖아? 그쪽에서 지금 새로운 협력업체 찾아서 제품 생산까지 시간이 걸릴 것을 우려하는 거고? 현재 상태에서 자넨 기술이 있으니까 금형하고 제품 생산 조건만 확실히 알고 있으면 충분히 가능하다고 생각되는데. 그렇지 않은가?"

"아, 왜 내가 그 생각을 못했지?"

고진필은 머리를 절레절레 흔들며 김진국을 존경스러운 눈으로 쳐다보았다. 김진국은 집게손가락을 펴서 고진필을 가리키며 한마디 덧붙였다.

"그야, 아직 초보 사장이니까 그렇지. 왜는 뭐가 왜야?"

"그래 초보 사장 맞다. 인정. 인정."

고진필이 그렇게 고민하던 문제가 순식간에 사라지고 해결할 방법이 나타났다.

고진필과 김영국이 몇날 며칠을 고민하던 문제가 단 5분 만에 해결된 것이다. 도대체 제조업을 해보지도 않은 사람이 어떻게 그런 생각을 했냐고 묻자 김진국이 웃으며 한마디 했다.

"그래도 CEO 경력 5년이야. 시간은 절대로 돈 주고도 못 사고 로또복권으로 얻을 수 있는 게 아니야. 시간만 중요한 게 아니고, 시간에 묻어 있는 경험도 중요한 거지. 사실은 시간을 못 사는 게 아니고 경험을 못사는 거지. 안 그런가? 경영의 원리는 하나야. 단지 엄청나게 많은 응용 방법이 있을 뿐이지."

CEO의 생각하기 방법론

CEO의 생각 그릇은 깊어야 한다. 마치 장독처럼 가운데가 펑퍼짐하고 입구는 좁다. 그래서 보이는 입구는 작아도 실제로는 엄청난 정보가 담긴다. 종업원의 생각 그릇은 접시와 같다. 입구는 넓어 보여도 깊이가 없다. 직원이 CEO의 생각 그릇을 가지고 깊이 생각한다면 이미 그는 CEO가 된 것이다. 회사를 자기의 것으로 인식하고 깊은 통찰을 하게 된다.

커피전문점에서 고객에게 제공하는 것은 '커피'인가? 공간인가? 안락한 휴식인가? 고객이 원하는 고객가치를 결정하는 것은 고객의 몫이다

토요일 오후가 되자 커피프랜즈에는 손님들이 몰려오기 시작했다.

특히 커피프랜즈에서 운영하는 비즈니스 룸은 금요일 저녁과 토요일은

비어 있는 시간이 거의 없었다. 동호회 모임이나 친목 모임을 비롯하여 토론이나 공통의 관심사에 대한 세미나가 진행되면서 모임 공간의 수요는 늘어나는 추세였다.

금요일 저녁은 매월 정기 모임을 가지는 동호회와 문학 모임, 음악 모임 등이 이미 예약되어 있어서 3~4개월 후에나 예약이 가능할 정도였다.

오늘도 사진 동호회 모임과 유학원 세미나가 예약되어 있어서 이경희는 아침부터 눈코 뜰 새 없이 바쁜 시간을 보내고 있었다. 그러나 오늘은 토요일에 늘 같이 일하던 황보승훈이 회사에 출근한 뒤로 연락조차 되지 않고 있었다. 분명히 고진필 사장의 전화를 받고 나갔는데 온다간다는 연락이 없었다.

"여보, 빨리 안 와요? 지금 정신없단 말이야."

어렵게 전화를 받은 황보승훈에게 이경희가 쏘아 붙였다.

"나도 급해. 오늘 처리해야 된단 말이야. 데이비드 있지? 그럼 조금만 더 참아. 비즈니스 룸 예약이 몇시야?"

"두 시부터 계속이야."

"알았어. 두 시 전에는 들어갈게. 됐지? 두 시."

황보승훈은 두 시라고 못 박고는 이경희의 대꾸도 듣지 않고 전화를 끊어버렸다.

황보승훈은 고진필과 신제품 생산 문제를 심각하게 논의했다. 고진필이 ㈜풍창에서 보유하고 있는 CM 금형을 매입해서 외주 생산해도 좋을지 의견을 물어왔던 것이다. 제품의 생산이나 불량, 납품 기한 등 일체를 관리하겠다고 하니 황보승훈도 문제될 것이 없다고 생각했다. 모든 책임은 고진필 사장 자신이 지겠다는 것이었다.

"고사장님, 그럼 제가 월요일에 중역들 결재를 받을테니 그렇게 준비하시죠. 풍창에는 직접 연락하시겠습니까?"

"그러지. 내가 연락하겠네. 김세원 사장은 나도 아니까, 별말이야 하겠어?"

"네. 그렇게 하죠. 저도 가게 일이 바빠서 집사람이 난립니다. 이러다 서로 사이 나빠지겠어요. 차라리 일이 없을 때는 서로 용기도 주고 위로도 해서 좋았는데 일이 많아지고 수입은 더 많아지는데 분위기는 영 더 나빠지는 것 같습니다."

"거, 참. 희한하네. 나도 요즘 집사람하고 별론데. 자네도 그런가 보네."

고진필의 얘기를 듣던 황보승훈이 손을 저었다.

"아닙니다. 들어보니 사장님하고 저하고는 다릅니다. 저는 같이 일을 하니까 이해를 할 것 같지만 그렇지도 않습니다. 차라리 같이 일을 하니까 서로 양보했으면 하고 기대를 많이 해서 문제가 더 큰 것 같습니다."

"자, 그럼 해결됐지? 점심이나 먹으러 가. 밥은 먹어야지."

옆에서 두 사람의 얘기를 지켜보던 김진국이 분위기를 풀듯이 밝게 웃으며 말했다. 고진필도 어렵게만 느껴지던 일이 순식간에 해결되자 공복감이 밀려왔다.

"그러자구, 나도 배가 고프네. 점심 먹으러 가지. 오늘 점심은 내가 살테니까."

고진필이 자리에서 일어서면서 김진국을 재촉했.

**시간을 효율적으로 사용하고 싶은 사람은
목표를 달성하기 위해서 노력을 해야 한다.**

"그리고 김사장은 시간 관리법 알려줘야지."

"예? 시간 관리라니요?"

옆에서 나란히 걷던 황보승훈이 눈을 동그랗게 눈을 뜨고 물었다.

"여기 김진국 사장이 시간 관리하는데 특별한 방법이 있나봐. 가르쳐 주기로 했거든."

"그럼 저도 배워야겠는데요. 저도 요즘 진짜 정신없거든요."

"뭐, 그리 거창한 것도 아닌데 뭘 배워? 이거 이거 일이 점점 커지는데."

손사래를 치던 김진국은 여러 명이 한꺼번에 덤벼드는 통에 어쩔 수 없이 얘기를 하기로 하고 식당으로 자리를 옮겼다.

점심식사를 위해 들어간 식당은 공장 근처에 있는 자그마한 식당이다. 근처 공장에서 일하는 근로자들을 위한 식당이었다.

식당으로 들어선 김진국 사장은 다이어리 한 권을 보여주었다.

"이게 시간 관리 도구야."

"에이, 사장님. 이게 그 시간 관리 도구에요. 나는 또 뭐 멋진 기계가 나올 줄 알았죠."

"이게 최고야. 나도 스마트패드도 써 보고 스마트폰도 써 봤는데, 나 같은 노땅은 이게 최고야."

김진국 사장이 내놓은 다이어리는 하루 일정이 모두 기록되어 있는 시간표도 있었다. 김진국이 내민 다이어리를 훑어보던 고진필이 너스레를 떨며 김진국을 치켜 세웠다.

"김사장은 이렇게 꼼꼼하게 관리를 하나? 난 끄트머리도 못 따라 가겠는데."

김진국 사장의 다이어리를 보던 고진필이 믿을 수 없다는 표정으로 머리를 가로 저었다. 정말 빼곡하게 기록되어 있는 김진국 사장의 다이어리는 그야말로 신의 손길이 닿은 듯 했다. 중간 중간에 보이는 빨간색, 파란색 글씨와 형광색 표시 덕분에 다이어리에는 그야말로 무지개가 떠 있는 것처럼 화려했다.

"나도 이 다이어리를 쓴 지 이제 3년째야. 그전에는 달력에 일정을 기록하는 정도였지. 그러다가 일이 많아지고 거래처가 늘어나니까 자꾸 실수를 하게 되는 거야. 다이어리를 사용하면서부터 실수도 많이 줄었지. 특히 중요한 건 내가 진짜 숨은 시간을 캐내고 있다는 생각을 하게 된 거야."

김진국은 자신의 다이어리 표지를 손바닥으로 툭툭 치면서 말을 이었다.

"우리 직원들도 이 다이어리를 써. 업무일지는 별도로 없고 다이어리만으로 얼마나 일을 했는지 파악하지. 다이어리는 한 달에 한 번씩 돌려본다네. 그래야 서로 의사소통이 안 된 부분이 있는지 알 수도 있고 시간 관리가 어느 정도로 되고 있는지 알 수 있으니까 말이야."

"야, 대단한데, 이거 자꾸만 바쁘다고 말하지 말고, 뭐 때문에 바쁜지 적어봐야겠다 정말."

"저도요, 이렇게 하시는구나. 정말 좋은 것 배웠습니다."

고진필과 황보승훈이 김진국의 다이어리를 보면서 감탄을 연발했다. 그렇게 다이어리 작성 방법을 배우는 중에 고진필의 휴대전화가 울렸다.

윤성국이었다.

"시간 있으신지요?"

"그래, 윤사장. 어쩐 일로?"

"지난 번 말씀드린 투자자가 내일 만나자고 하는데 불안해서요."

"뭐, 내일? 일요일인데. 난 회사에서 일하고 있으니까 우리 회사로 와."

윤성국은 30분 뒤에 온다는 말을 남기고 전화를 끊었다.

13 한 개의 아이템에 올인하는 것과 신제품을 만드는 것

창업 초기에는 대체로 한두 가지 아이템으로 영업을 시작한다. 창업 후 안정적으로 시장에 진입하고 나면 점차 시장을 확대하여 매출이 상승하게 된다. 아이템의 판매가 안정기에 접어들면 판매 아이템의 종류를 다양화하기 시작한다.

창업 후 1~2년 정도가 지나면 대체로 몇 가지의 아이템이 혼용되어 생산되고 판매가 이루어진다. 이때부터 중요한 포인트는 어떤 제품이 이익이 되는지 또는 어떤 제품은 손해가 되는지를 밝히는 일이다.

제품별 원가 분석이 필요한 시기도 바로 이때부터다. 그러나 실제로 기업을 방문해 보면 원가 분석을 제대로 하는 기업은 매우 적다. 대부분의 기업은 전체 매출과 매입을 기준으로 한 이익 관리가 이루어지기 때문이다.

기업은 물론이거니와 점포를 운영하는 CEO도 반드시 아이템별로 제조원가를 분석하고 수익을 분석해 볼 것을 권한다. 제품별 이익 분석을 해보면 예상과는 많은 차이를 보일 것이다. 차이를 보이는 제품 중에서 이익 아이템과 손실 아이템을 분석하여 이익이 많이 나는 것을 마케팅 전면에 배치하도록 전략을 수립할 필요가 있다.

이렇게 아이템별로 수익분석을 실시하여 아이템별 생산 및 판매 전략을 별도로 수립하는 방법으로 포트폴리오 분석Portfolio analysis을 활용한다.

이러한 포트폴리오 분석법으로 널리 이용되고 있는 것이 BCG 매트릭스Matrix이다. 이 분석 방법은 보스톤 컨설팅 그룹Boston Consulting Group에서 개발한 방법으로 성장과 점유율을 토대로 분석을 실시한다.

시장 성장율 \ 상대적 시장 점유율	낮음	높음
낮음	1분면 : Dog 영역 수익성이 낮은 제품 쇠퇴기의 제품	2분면 : Cash Cow 영역 수익성이 낮고 안정적인 제품 성숙기의 제품
높음	3분면 : ? 영역 수익이 작고 불안정한 제품 신규 개발 제품	4분면 : Star 영역 수익성이 높고 안정적인 제품 성장기의 제품

■ BCG Matrix

외부적으로 시장 성장률을 파악한 다음 자사의 시장 점유율과 타사의 시장 점유율을 비교하는 상대적 시장 점유율을 파악하는 방법이다.

위의 표에서 네 개의 분면에 위치하는 제품이 무엇인지를 파악한다. 판매하고 있는 아이템별로 어디에 위치하는 지를 파악하여 사업계획과 제품 개발 계획에 반영하는 것이다.

모든 제품은 제품의 성장에 따라 3분면 → 4 분면 → 2 분면 → 1분면으로 이동한다. 자사의 제품이 각각의 분면에 균형 있게 위치하고 있다면 가장 이상적인 배치가 될 것이다.

각 분면에 위치하는 제품 수에 따라 기업의 미래를 예측할 수 있을 것이다. 다음 물음에 답해 보자.

'어떤 회사의 BCG 매트릭스 분석 결과 모두 7가지의 판매 아이템 중에서 4가지의 아이템은 4분면인 Star 영역에 있고, 1가지는 2분면인 Cash cow 영역에 있고, 1가지는 1분면인 Dog 영역에 있다. 이 회사의 미래는 어떻게 될 것인가?'

답은 이렇다. 언제인지는 알 수 없으나 이 회사는 결국에는 망한다. 왜냐하면 모든 제품은 결국 성숙기를 지나 쇠퇴기로 갈 수밖에 없기 때문이다.

그럼, 어떻게 해야 망하지 않고 버틸 수 있는가?

> 햄버거 판매점과 피자 전문점을 보라.
> 매달 신제품을 출시한다.
> 한 달이 멀다하고 신제품이라며 전단지를 배포하고 할인행사를 한다.
> 왜 그럴까 고민해 본 적이 있는가?

쉽 없이 물음표 영역의 아이템을 개발하는 것이다. 어떤 아이템은 물음표 영역에서 바로 Dog 영역으로 갈지도 모른다. 신제품을 개발하다 보면 다행스럽게도 Star 영역으로 진행하는 아이템을 잡게 된다. 바로 그것을 기다리는 것이다.

혹자의 표현을 빌리면 "성공하는 아이템은 100개 중 1개"라고 한다.

경영 전략의 한 면을 놓쳐서는 안 된다. 주기적인 시장 분석을 통하여 물음표 영역의 아이템이 없다면 빨리 준비하여야 한다.

"지금 당장 준비하라. 시급하다."

이런 말을 하면 많은 창업자들이 '지금 제품 생산하기에도 정신이 없는데 신제품은 당치도 않습니다.' 하면서 고개를 절레절레 젓는다.

참 통탄할 일이다.

제품을 개발할 시간을 만들어야 한다.

시간은 우물과 같다. 우물을 본 적이 있는가? 우물에 두레박을 던져 넣어 물을 길어낸다. 그런데 물이 계속 나온다. 한 동이의 물을 다 퍼내도 조금 있으면 어디서 모였는지 또 한 동이의 물을 길어낼 수 있다. 시간도 우물처럼 쓰면 쓸수록 시간이 계속 만들어진다.

아이템이나 기술의 트랜드를 알 수 있는 전시회는 빠지지 말고 참석하여야 한다. 신제품 전시회야 말로 제품의 트렌드를 알 수 있는 곳이다. 물론 신제품들이 모두 Star 제품이 되는 것은 아니다.

신제품을 계속 개발하고 생산하는 회사가 비전이 있는 회사다. 가지고 있는 아이템 몇 가지만 죽자 살자 팔아서는 기업의 미래를 보장할 수 없다.

개인도 마찬가지다. 과거에 배운 기술이나 지식만 가지고 머지않아 도태되고 만다. 기계화의 속도가 얼마나 빠르고 IT 기술이 얼마나 빨리 발달하는 줄 알고 있는가?

자신이 보유한 지식이나 기술을 활용하여 더 깊이 있는 기술로 만들거나 기술을 응용하여 확장할 수 있는 영역을 찾지 않으면 결국에는 활용도가 떨어지는 퇴물이 되고 말 것이다.

 포트폴리오 분석법은 앞서 소개한 BCG 매트릭스 외에도 GE 분석법 등 여러 가지가 있다. 이러한 분석법을 실행할 때 꼭 알아야 할 것은 분석 결과를 활용하여 개선해야 한다는 점이다. 개선이 따르지 않는 데이터의 분석은 돈의 낭비, 시간의 낭비일 뿐이다.

제3장

매출을 올려서
성장의 발판을
마련한다

14 매출을 성장시키는 방법은 무엇인가?

> 식당에 들어갔을 때 메뉴판에 없는 음식을 판매하는 것을 본다.
> 종이로 적어 놓은 메뉴들을 보면
> '급조된 메뉴인가'라는 의심을 하게 된다.

매출을 성장시킬 수 있는 방법이 있다고 하면 모든 CEO들은 눈에 불을 켜고 찾아 볼 것이다. 그러나 경영학을 공부하고 마케팅 서적을 아무리 찾아봐도 우리 회사 또는 내 가게의 매출을 올릴 수 있는 방법은 없다. 모두가 일반적인 말들을 늘어놓았을 따름이다. 이 책도 마찬가지다.

아이템별로 시장을 지배하는 방법은 너무 다양해서 정해진 규칙이 없다. 전문가들은 상황과 트랜드를 이해하고 있지만 실제로 전략을 세우고 실행하는 것은 CEO를 비롯한 조직 구성원들의 몫이다.

경영 이론은 생각의 갈래를 여러 가지로 뻗어갈 수 있도록 도와주는 도구일 뿐이다. 도구를 사용해서 일하는 사람과 아무 것도 없이 일하는 사람 중 누가 더 성과가 좋을까? 물어보나마나 도구를 사용하는 편이 훨씬 성과가 좋다. 그것도 제대로 된 도구를 사용한다면 엄청난 결과를 얻을 수 있다.

그래서인지 똑같은 도구를 사용해도 어떤 회사는 매출이 100% 성장하는 반면 어떤 회사는 10% 성장한다.

자, 우리 회사의 매출에 문제가 있다고 생각한다면 우리에게 맞는 도구를 준비하자. 일단 어떤 도구가 있는지부터 알아야 한다.

매출을 성장시키는 방법에는 기존의 고객을 대상으로 하는 방법과 신규 고객을 대상으로 하는 방법이 있다. 얼마나 당연한 소린가. 그러나 이것이 문제 해결의 시작이다.

'우리 제품이 문제인가?', '내가 장소를 잘못 선택했나?'가 아니라 고객에게 집중하여 사고의 방향을 전환하여야 하는 것이다. 어차피 답은 CEO와 직원들이 알고 있다.

그러나 자신이 이미 답을 알고 있다는 사실을 알고 있는 CEO가 드물다.

- 기존의 고객들이 자주 방문하도록 유도하는 방법은 무엇인가?
- 기존의 고객들이 더 많이 구매하도록 하는 방법은 무엇인가?
- 기존의 고객 중에서 재구매가 일어나지 않는 고객을 다시 오게 만드는 방법은 무엇인가?
- 새로운 고객은 어디에 있는가?
- 새로운 고객이 원하는 것은 무엇인가?

이러한 질문을 분석해 보면 답은 두 가지로 분류된다. 기존 고객과 신규 고객이 답이 되는 것이다.

문제를 해결하기 위한 해결책은 신제품의 개발과 다양한 프로모션을 포함하는 마케팅 활동이다.

마케팅은 경쟁이 치열해질수록 점점 그 활용도가 증대될 것이다. 광고부터 제품의 디자인, 브랜드에 이르기까지 실행 기법들을 자세히 공부하고 적용하여야 한다. 하루아침에 매출이 성장할 수는 없다.

마케팅에 관한 서적을 읽어보고 관련 교육에 참석해서 여러 가지 방법들을 익히기를 권한다. 마케팅 전략은 시장의 상황에 따라, 아이템에 따라 많은 차이가 있으므로 다양한 자료를 검토하고 실제 사례를 분석한 다음 실행에 옮겨야 한다.

마케팅 활동은 많은 비용을 쓸 수밖에 없으므로 충분한 검토를 통하여 실패를 줄이는 것이 이익을 높이는 지름길이다.

15 시장 변화에 대처하는 아이템은 무엇인가?

신제품을 만들어서 세상에 내놓을 때는 누구나 대박을 꿈꾼다. 그러나 정작 시장에서 팔리는 제품은 수많은 신제품 중에서 극소수다. 이렇듯 경쟁이 치열한 신제품 시장에서 성공할 수 있는 요인은 무엇일까?

고객이 선택하는 제품이다.

개발자가 아무리 잘 만든 제품도 고객이 선택하지 않으면 그만이다.

> CEO들에게 많이 듣는 말이 바로 이것이다.
> "요즘 돈 되는 아이템이 뭡니까?"

엄청난 돈을 들여서 개발하는 자동차를 생각해보자. 신차 한 대를 개발하는 데 드는 비용이 족히 수천억 원이 넘는다고 한다. 그러나 출시한 차가 시장에서 외면을 받는다면 어찌할 것인가?

고객이 과연 우리 제품을 선택해 줄 것인지를 알아보기 위한 방법을 찾아보자. 시제품을 만들어 홍보하는 사람들을 흔히 볼 수 있다. 최근 대형 할인마트에는 식품 관련 매장마다 홍보 직원들이 서 있다. 옆으로 지나가는 사람들이 있으면 시식을 권하고 샘플을 주면서 써보라고 한다. 이런 홍보도 신제품을 알리는 역할을 한다.

 자금이 없는 중소기업이나 점포 영업을 하는 경영자는 완제품보다는 시제품 상태에서 잠재 고객을 대상으로 하는 모니터링 활동이나 제품의 문제점, 의견 등을 통하여 제품의 출시 시기나 디자인 변경을 검토할 필요가 있다. 제품의 출시에 앞서 실시하는 이러한 사전 검토는 회사의 실패 위험을 감소시키는 좋은 방법이 된다.

 고객에게 직접 물어보는 설문조사도 중요한 역할을 할 수 있다. 잠재 고객층을 대상으로 하는 설문조사를 통하여 제품의 개선이 가능하고 또한 고객이 원하는 콘셉트를 구현할 수 있다.

 한 초등학교 앞에서 하교하는 학생들을 상대로 치킨 업체에서 하는 홍보 행사를 보았다. 학생들에게 아주 조그만 치킨을 하나씩 나눠주는 업체 홍보 담당자들을 보면서 타겟고객을 제대로 정했다는 생각을 했다. 치킨 구매의 가장 영향력 있는 고객층이 아마 초등학생일 것이다. 그 학생들이 집에 돌아가서 무슨 말을 했을까?

 "엄마, 치킨 사 주세요. 이 치킨 진짜 맛있어요."

 시제품 테스트를 활용할 수 없는 경우에는 전문가에게 조언이라도 구해야 한다. 최근에는 마케팅의 중요성을 인식하고 자체적인 마케팅 기법의 적용이 어려운 중소기업이나 자영업자를 대상으로 하는 지원 정책을 많이 실시하고 있다. 지원 정책에서는 마케팅 컨설팅뿐만 아니라 전시회 참가, 시제품 제작, 시장 조사(해외 수출시장 포함) 등의 다양한 부문을 지원하고 있으니 적절하게 활용하면 많은 도움을 얻을 수 있다.

초보 사장의 경영이야기 — 창업 아이템 선정은 정말 중요하다

길을 가면서도 항상 의문을 가져야 한다.
'이 매장은 왜 이렇게 사람들이 많이 올까?'
'이 아이템은 다른 제품에 비하여 어떤 차이가 있는가?'
이러한 것들이 바로 경영 공부이고 이런 질문을 통하여 새로운 아이디어를 얻을 수 있다.

신제품을 만들어야 할 때를 아는 것이 중요하다.

윤성국이 고진필의 회사에 도착한 것은 토요일 오후 네 시가 되어갈 무렵이었다.
토요일 오후는 유난히도 빨리 흘러간다. 직원들은 모두 퇴근하고 고진필만 사무실에 남아 있었다.
"토요일인데 저 때문에 늦게까지 회사에 계신 건 아닌지 죄송합니다."
"아니야. 신제품 문제로 시험 생산하고 생산 능력 검토하느라고 늦었지. 오늘 같은 날 아니면 조용히 앉아서 정리할 시간도 없어. 차 한 잔 할까?"
고진필은 뜨거운 물에 곱게 말린 녹차잎을 넣으면서 말했다.
"알다시피 우리도 제품이 한 가지 밖에 없어서 내심 불안했거든. 자동차 부품은 차종에 따라서 부침(浮沈)이 심해. 인기 있는 차종이 아니면 실제로 수익을 내기가 어렵지. 이번에 새로 만드는 제품이 중형차 부품인데 어떨지 몰라서 불안하긴 해. 자동차 부품이 내 마음대로 생산할 수 있는 것도 아니고 원청업체에서 발주를 줘야하니까 말이야."

"맞습니다. 고사장님은 고정 거래처에 고정 단가가 있으니까 매출 규모는 예측되시지 않습니까? 저희는 전혀 다릅니다. 매출이 어제 다르고 오늘 다르니 정말 힘들어요. 어떤 날은 가게 문만 바라보고 있죠. 비가 오거나 가족 외식이 많은 토, 일요일에는 손님이 많이 줄어요."

"아이템마다 특색이 있으니 어쩔 수 없지."

"이참에 고사장님도 시장에 팔 수 있는 제품 하나 개발하시죠? 거 왜 플라스틱 용기나 뭐 그런 거요?"

"이봐, 그것도 쉬운 일이 아니야. 플라스틱 제품 만들 때 사용하는 금형 하나 만드는 데 수천만 원씩 들어서 함부로 만들 수도 없어. 만들었다가 안 팔리면 끝나는 거야."

인사를 대신하는 몇 마디 대화가 오간 다음 윤성국이 용건을 꺼냈다. 윤성국의 토스트 판매점 프랜차이즈에 투자하기로 했던 투자자가 일요일 오후에 만나자고 했다는 것이었다. 윤성국은 그전에 박영진 실장과 연락을 취해서 월요일에 만나기로 했다. 투자 건에 대하여 의논할 계획이었지만 투자자가 일요일에 만나자고 하는 바람에 박실장과 만날 시간이 없었던 것이다.

윤성국으로부터 투자 제안 건을 들은 고진필은 고민하다가 이렇게 조언했다.

"그러지 말고 내일은 투자자의 조건을 들어보는 쪽으로 하는 것이 어때? 굳이 자네 조건은 아직 없어도 될 듯한데. 나도 잘 모르지만 협상은 어차피 양쪽의 의견을 조율하는 것이니까 말이야. 한 번 만났다고 바로 결론을 내리는 건 아니니까 일단 조건을 들은 다음에 월요일에 박영진 실장과 협의하면 어떨까?"

윤성국이 돌아가고 고진필은 저녁 시간이 되기 전에 서둘러 집으로 돌아왔다. 오늘은 어떤 일이 있어도 가족과 저녁식사를 해야겠다는 생각에서였다.

집에 들어서자 기다리던 아이들은 외식하자는 말에 환호성을 질렀다. 아침 일 때문에 기분이 좋지 않았던 부인도 못 이기는 척 하고 따라 나섰다. 차에 올라 자리를 잡자 고진필이 넌지시 말문을 열었다.

"낮에 장인어른과 통화했어."

"어머, 그랬어요. 아버지 전화 없었는데?"

"사위하고 전화 통화했다고 딸한테 보고해야 하나? 다음 주 중에 모시고 병원에 갈 거니까 너무 걱정하지 마. 오늘 일 잘 처리돼서 여유가 좀 생겼어."

"다행이네요."

고진필이 아이들에게 어디로 갈건 지를 묻자 아이들은 피자를 먹자고 합창을 했다. 아이들과 함께 간 레스토랑은 피자와 이탈리아 음식을 전문으로 하는 식당이었다. 식당에서는 추천 메뉴와 추천 메뉴를 포함하는 세트 메뉴를 권했다. 계절 메뉴라고 했다.

"이거 한 번 먹어봐요. 난 처음인데."

기분이 좋아진 부인이 웃는 얼굴로 메뉴판을 손가락으로 가리켰다.

고진필은 가장 최근에 개발된 메뉴 중에서 고구마와 불고기를 토핑으로 한 피자를 주문했다.

아이들은 오랜만에 함께하는 외식이라 더욱 들떠 있었다.

새로운 제품은 고객의 호기심을 자극한다.
그래서 지속적으로 신제품을 개발하여야 한다.
기업에서 판매하는 아이템은 제품의 수명주기 곡선을 따라 도입기, 성장기, 성숙기, 소멸기의 단계로 구분할 수 있다. 아이템은 각 단계별로 보유하고 있어야 기업이 안정기에 들어갔다고 볼 수 있다.

CEO 경영 아카데미에서 배웠던 경영 기법들은 말로만 들을 때는 뭐가 뭔지 제대로 알지 못했다. 그러나 실제로 사업을 하면서 또는 다른 영역의 사업을 세심하게 관찰하면서 새로운 사실들을 하나씩 알게 되었다.

피자도 유사한 것 같았다. 피자 메뉴판을 보면 이름을 다 기억하기 어려울 정도로 피자의 종류가 많다. 이러한 다양성은 고객층을 넓히기도 하지만 기존 고객을 지속적으로 유입시키는 요소가 된다. 더구나 몇 가지 메뉴를 세트 메뉴로 개발해서 출시하는 경우에는 가격 인하 효과를 느끼게 해서 고객 입장에서는 선택의 폭이 훨씬 넓어진다.

'예전에는 내가 시간이 없었는데, 이제는 애들이 시간이 없더구만.'

고진필은 김진국 사장의 말을 떠올렸다.

할 수 있을 때 해야 한다. 시간 관리도 마찬가지다. 당장 시작해야 한다. 내일부터 당장 김진국 사장이 추천해 준 다이어리를 사서 업무 시간을 적어보리라 마음먹었다.

성공 경영은 전략을 필요로 한다.
규모의 경제를 위한 전략 중 제일 중요한 포인트는 고객과의 관계다.

박영진 실장이 윤성국 사장의 STT 토스트 매장에 들른 것은 월요일 오전이었다. 그는 처음 방문하는 매장이라 관심이 많았다.

빨간색으로 쓴 상호가 사람들의 눈길을 끌기에 충분했다. 점포 창업은 브랜드 네이밍이 중요하고 간판도 중요하다. 보이는 것만으로 첫인상이 결정되기 때문이다.

"어제 프랜차이즈 사업 때문에 투자자와 만나셨다면서요?"

박영진 실장은 윤성국과 마주 앉자 미소를 지어 보이며 사람을 편안하게 했다. 항상 강의장에서 만나다가 분위기가 바뀌니 전혀 새로운 사람처럼 보였다.

박영진 실장은 교육 사업에 참여하기 전에 대기업 기획파트에서 잔뼈가 굵은 기획통이었다. 회사를 사직한 후 지금의 교육기관으로 자리를 옮겼다. 대기업에 근무하는 동안 기업의 승부는 항상 한쪽이 죽어야 끝나는 전쟁터임을 알고 난 이후 그런 불공평한 게임에 대한 불만을 토로했었다. 기업 사이에 일어나는 경쟁에는 공정한 게임의 룰이 없다. 게임은 항상 강한 자의 룰에 의해서 진행된다. 그 불공정한 게임의 한 쪽에 항상 회사를 대표하는 박영진, 그가 있었다.

박영진은 기업에 재직할 때 신생기업을 인수하는 과정에 참여했다. 해당 기업의 경영 전략을 검토하고 M&A(인수 및 합병) 추진 전략에 대한 보고서를 열심히 작성하고 있었다.

어느 날 인수팀의 팀장은 박영진이 작성하는 보고서는 볼 필요도 없는 전략보고서라고 말했다. 당시에는 무슨 말인지 몰랐던 박영진은 모든 인수 절차가 마무리된 후에야 그 이유를 알 수 있었다. 인수 대상이 되었던 기업은 인수가 성사된 다음 곧바로 폐업 처리가 되었다.

박영진은 기업의 성장을 위한 미래 전략을 기획했지만 경영진의 생각은 달랐다. 골칫거리가 될 회사와 직원을 남겨두기 싫었던 것이다.
한순간에 모든 것을 잃어버린 M&A 대상 기업의 직원들은 천재지변이라고 말했고, 박영진이 몸담았던 회사의 인수팀은 경영 전략이라고 말했다.
박영진은 사표를 던졌다. 그리고 기업과 CEO를 대상으로 공정한 게임을 하기 위한 규칙을 알리기 위해 노력했다. 작은 기업도 일어설 수 있는 게임의 법칙. 그것이 그가 할 일이라는 사명감이 생겼다.
"그쪽에서는 투자를 하는 대신에 경영권의 30%를 달라고 합니다. 무슨 소린지 모르겠습니다."
윤성국의 말을 들은 박영진은 심각한 표정으로 변했다.
"그랬군요. 아마 투자하는 쪽에서 경영에 관여하겠다는 의미군요. 지금이야 30%지만 한 번만 증자하면 윤사장님께서 못 당하실 것 같군요."
"증자는 뭔가요?"
윤성국은 눈만 껌벅거리며 박영진 실장을 쳐다보았다.

> 회사에서 외부 투자를 확보하는 방법은
> 단순히 자금 투자를 받는 경우이다. 차입금이라고 생각하면 된다.
> 돈을 빌리고 이자를 주는 것이다.
> 반면, 주식을 인수하는 경우에는 현재 주주들이 보유하고
> 있는 주식을 사는 형태를 취하면서 투자를 하는 경우와
> 제3의 새로운 주식을 발행하여 추가된 새로운 주식을 인수하여
> 주주가 되는 방법도 있다.

"그럼, 어떻게 하는 편이 좋을까요?"

"제 생각에는 일단 투자는 하되 경영에는 관여하지 않는다는 협약을 하는 편이 어떨까 합니다. 하지만 상대방 투자자가 굳이 경영에 참여하겠다고 한다면 그때는 윤사장님의 결정이 중요하겠죠? 옆에서 말하는 사람이 의사결정자는 아니니까요."

박영진 실장이 심각한 표정을 지었다.

선량한 투자자라고 다가와 결국은 치킨 게임으로 치닫는 경우가 많다. 치킨 게임은 영화에서 보면 자동차 두 대가 서로 마주 보고 서서히 속도를 높이다가 두려움을 느낀 운전자가 핸들을 돌리고 끝까지 버틴 사람이 이기는 죽음의 게임이다. 기업들 간의 치킨 게임은 볼 것도 없이 규모가 작은 기업이 진다. 게임이라고 할 것도 없다. 게임이 되려면 어느 정도 비슷한 전력을 보유해야 하지만 권투에서 가장 가벼운 몸무게인 플라이급 선수가 가장 무거운 체중의 헤비급 선수와 맞붙어서 어찌 이기기를 기대할 수 있단 말인가?

윤성국은 인상을 찌푸렸다.

"윤사장님. 물론 지금 프랜차이즈를 만들고 회사를 키워서 이익을 늘리면 좋겠지만 그것이 정답이 아닐 수도 있습니다. 지금 단계에서도 진짜 고객이 원하는 제품을 만든다면 어느 순간에는 기업이 성장해 있을 겁니다. 지금의 욕심에 너무 매달리지 않는 것도 경영의 방법입니다."

윤성국은 아쉬움에 목이 타 들어갔다. 지금이 기회라고 생각했다.

'그나마 장사도 좀 되고 주위에서 프랜차이즈를 요청하는 사람들이 더러 있을 때 확 키워야 하는데'라는 아쉬움이 생각의 언저리를 배회하고 있었다.

"기업은 아무 때나 성장하는 것이 아닙니다. 성장할 수 있을 때 성장하는 거죠. 너무 무리하는 것은 지금의 경제 상황에 맞지 않을 수도 있다는 것이 저의 의견입니다."
"그래도 지금 점포로는 매출이 한계 상황이라고 생각이 돼서요."
박영진 실장은 잠시 고민하더니 이런 말을 했다.
"윤사장님, 차라리 이런 방법은 어떨까요?"
박영진 실장의 아이디어는 이랬다.
윤성국이 점포 프랜차이즈 전략을 바꿔서 푸드트럭 프랜차이즈를 해보라는 것이다. 윤성국이 처음 창업했던 방식대로 길거리 점포 창업자를 모집해서 프랜차이즈를 추진하라는 것이었다. 브랜드 사용료와 재료, 노하우 전수 등을 통해서 브랜드를 먼저 알린 다음 규모가 성장했을 때 정상적인 점포 프랜차이즈를 추진하라는 조언이었다. 또 다른 아이디어는 아이템의 다양화였다.

> CEO의 의사결정에는 항상 대안이 있어야 한다.
> 상황과 정보를 근거로 경영적 판단을 내리는데,
> 이때 주의할 것이 외길만을 생각하는 사고방식이다.
> 최선이 있다면 차선도 있다. 한 가지 길만이 존재한다고
> 생각하는 것은 자칫 오류를 범하게 된다.

"보통 매출이 한계에 도달했다고 생각하는 CEO들의 대처 방법은 크게 두 가지입니다. 기존의 고객들을 대상으로 신제품의 판매를 늘리는 방법입니다. 이런 경우 기존의 매출을 그대로 유지하면서 성장하게 됩니다.

다른 한가지는 신규 고객을 확보하기 위한 방법으로 신규 매장을 열거나 신규 시장에 진입하는 정책입니다. 경영에는 항상 대안이 있어야 합니다. 외길을 가는 것이 아니기 때문입니다. 이 길이 아니면 어디로 갈 것인가를 항상 염두에 두어야 합니다."

박영진 실장은 윤성국과 함께 전략 수립에 대한 의견을 나누었다.

"우선 경영 참여에 대한 의견을 검토해 보십시오. 30% 정도의 지분은 안전한 범위이기 때문에 지금 당장 심각한 문제를 초래하지는 않습니다."

"저는 갑자기 경영 참여, 지분, 재무 이런 말들이 나오니까 머리가 아픕니다. 그냥 물건만 잘 만들어서 팔면 안 되는 건지?"

"초보사장님들의 한결 같은 말씀이시죠. 그렇지만 기업이라는 생명체가 자라기 위해서는 겪을 수밖에 없는 일입니다. 따라서 CEO도 사업과 함께 성장해야 합니다."

"아이고, 이런 제가 너무 힘들어서 넋두리하느라고 토스트도 하나 대접 안 했네요. 잠깐 기다리십시오. 저희 집 토스트부터 맛을 보시고 말씀을 나누시죠. 그래야 더 클 수 있을지 없을지 알죠."

윤성국은 만류하는 박영진 실장을 뒤로 하고 토스트 준비를 했다.

토스트 팬에 버터를 살짝 두른 다음 토스트 빵 2장을 올렸다. 잠시 후 뒤집는다. 너무 오래 구워도 맛이 없다. 빵도 오래되면 맛이 없다. 매일 신선한 빵을 사용하는 것이 중요하다. 토스트에 들어가는 달걀, 햄, 샐러드는 자칫하면 밖으로 흐르게 된다. 적당량을 넣은 다음 자신만의 비밀 소스를 뿌린다.

"자, 저희 집 토스트입니다. 평가를 부탁드립니다."

박영진 실장의 웃는 얼굴 가득히 향긋한 토스트의 열기가 피어올랐다.

화장품 제조기업인 코스메티카는 대기업의 시장 점유율이 높은 상황에서 어떻게 시장을 개척할 것인가? 경쟁이 심한 시장일수록 기회는 많다.

㈜코스메티카의 김종일 사장은 직원들과 함께 땀을 흘리고 있었다. 회사 입구에 세워둔 1톤 트럭에 제품을 싣고 있던 김종일은 박영진과 고진필이 들어서자 미소를 띠우며 인사를 건넸다.

"잠깐만 기다려 주십시오. 이게 지금 급해서요."

어색한 미소를 보이던 김종일은 짐을 다 싣고 나서야 두 사람을 사무실로 안내했다.

김종일의 표현을 빌리자면 화장품 시장의 진입은 죽기만큼 힘들었다고 표현했다. 한방 약재를 원료로 사용하는 천연 화장품을 개발했지만 경쟁이 치열한 화장품 시장은 신생기업의 침입을 가만히 두지 보지 않았다.

"화장품 시장은 대기업 브랜드의 고객 충성도가 높고 시장 점유 형태가 워낙 탄탄해서 진입하기가 참 어려운 부분입니다. 저희처럼 작은 기업은 마케팅 비용도 많이 못 쓰고 유통망도 크지 않기 때문에 성장하기가 힘듭니다. 그래서 저희 회사는 로션, 스킨, 비누, 샴푸, 린스 등의 기초적인 제품만 생산하고 있습니다."

사무실에 자리를 잡고 앉자 김종일이 손수건으로 이마의 맺힌 땀을 닦아내며 말했다.

박영진이 경영 지원금 검토 건으로 ㈜코스메티카를 방문한다는 말을 들은 고진필도 같이 따라왔다.

"지금까지는 답례품이나 계절상품 등의 특판 시장과 일부 지자체에서 운영하는 특산물 판매에 주력하고 있습니다만 얼마 전부터 수출 시장을 계속 타진하고 있습니다. 최근 한류 때문인지 동남아 시장에서 우리나라 화장품의 인기가 좋아진다는군요."

㈜코스메티카의 시장 확대 방안은 내수 시장보다는 수출 시장의 적극적인 공략이었다. 지난 번 1주년 모임에서도 언급했던 동남아 시장으로의 진출 계획이 구체적으로 진행 중이었다.

얘기를 다 듣고 난 박영진 실장은 먼저 제품의 포트폴리오를 편성해 볼 것을 조언했다.

"무엇을 만들고 팔 것인지를 파악하여야 합니다. 회사의 보유시설을 근거로 생산 능력을 파악하여 생산 가능한 제품 포트폴리오 또는 제품 라인업을 구성하는 것이 중요합니다.

지금 말씀하시는 시장의 수출을 위해서도 수출 대상국의 고객들에게 어필할 수 있는 제품을 개발하는 일이 우선되어야 합니다. 화장품의 경우에는 기능과 패션이 모두 중요시되므로 이를 포인트로 관리하여야 합니다. 또한 그런 제품의 생산 능력을 가지고 있는 지도 검토해야 합니다.

수출에서 특히 중요한 점은 영업망입니다. 현지 시장을 잘 알고 있는 판매처와 협력하는 것이 필요합니다. 영업망이 없을 경우에는 무역협회를 통하거나 해외 마케팅 확대를 위한 시장개척 활동, 현지 전시회 등에 참석하여야 합니다. 전시회 참석은 지원 정책이 많으니 활용하시면 됩니다."

박영진도 김종일 사장의 수출 전략에 대해 긍정적인 의견을 피력했다.

> 해외 수출을 지원하는 기관은 무역협회, 각 지역별 테크노파크, 상공회의소, 지방자치단체 등을 통하여 이루어진다.
> 수시로 나오는 지원 공고에 관심을 기울여야 한다.

대기업의 시장 점유율이 높고 경쟁이 심한 국내시장보다는 수출을 통해 활로를 개척하는 편이 가능성이 있다고 판단했던 것이다. 그러나 김종일이 수출이나 무역에 대한 실무 경험이 전혀 없는 상황이라 실무 진행에 대해 우려를 표명했다.

시장은 순식간에 변한다. 최근 커피 전문점의 입지 경쟁은 가히 전쟁이라 할 만하다. 시장의 변화에 대응하는 방법은 무엇일까? 시장을 선점했다고 경쟁이 사라지는 것은 아니다.

커피프랜즈는 멍했다. 아니 커피프랜즈의 주인 부부인 황보승훈과 이경희는 멍하게 테이블에 앉아 있었다. 커피프랜즈의 직원이면서 바리스타인 데이비드 장은 당당하게 반대편에 앉아 있었다.
"그러니까 직접 카페를 경영하고 싶다는 말입니까?"
이경희는 짧은 한숨을 쉬며 데이비드 장을 바라보았다.
"예, 그렇습니다. 저도 제 가게를 하고 싶습니다."
"우리도 이제 시작이라 일손도 달리고 데이비드도 아직 젊어서 굳이 창업을 하지 않아도 될 듯한데 왜 그만두겠다는 겁니까?"
"저도 일찍 사업을 경험해 보고 싶습니다. 주방 일은 이제 다 배웠으니 가능하다고 생각합니다."
"창업이 그렇게 쉽지 않을텐데 천천히 준비하는 것이 어때요? 우리도 3년 정도 준비해서 창업했는 데도 이렇게 어려운데 데이비드는 아직 아무 준비도 하지 않았잖아요?"
황보승훈은 진심으로 그에게 말을 건넸다.
느닷없이 창업을 하겠다며 사표를 내민 데이비드 장이었다. 너무 급하게 하는 창업은 실패할 수도 있다고 황보승훈이 말렸지만 데이비드 장은 흔들림이 없었다. 그의 눈은 결의에 찬 눈빛을 보이기 위해서인 듯 잔뜩 힘을 주고 있었다.

"저만의 제품으로 사업을 해 보겠습니다. 두 분께는 죄송하지만 이해해 주십시오."

두 사람은 데이비드 장의 사표는 생각지도 않았다.

카페의 성장으로 이경희 사장이 혼자 운영하기에는 힘에 부치는 상황이었다. 아무리 아르바이트하는 직원이 있다고는 하지만 늘어난 메뉴에다 손님이 많이 찾는 시간에는 일손이 달릴 것이 분명했다.

거기다가 장보기, 매장 정리 등 그러고 보니 그동안 데이비드에게 맡겨 둔 채 마음 놓고 있었던 일들이 너무 많았다는 것을 깨달았다.

이경희는 패닉상태였다. 데이비드 장은 자신은 할 말을 다했다는 표정으로 자리를 떴다. 씩씩하게 걷는다고 걸어가는 데이비드 장의 뒷모습을 바라보는 두 사람의 표정은 오만 가지 생각이 떠오르는 듯 편해 보이지 않았다. 데이비드가 주방으로 사라지자 이경희 사장이 먼저 입을 열었다.

"어떡하지?"

"…"

황보승훈은 대답하지 못했다. 새로운 직원을 영입하거나 아니면 자신이 카페로 들어와야 할 시기였다. 한동안 생각에 잠겨있던 황보승훈이 입을 열었다.

"일단 며칠 생각해보자. 캐셔하고 홀 관리할 직원을 한 명 더 채용하고 당신은 주방을 맡아봐."

"나 혼자서는 주방을 감당할 수 없지?"

이경희가 힘들다며 울상이 되었다. 그리고 두 사람 사이에 무언의 대화가 오갔다.

이경희는 황보승훈이 회사를 그만두고 카페에서 함께 일 해주기를 간절히 바랐지만 정작 황보승훈은 커피 사업에 모든 것을 걸고 일할 준비가 안 되어 있는 상황이었다. 자신은 커피를 그렇게 즐기지 않는 데다가 자동차 부품 산업에 대한 미련이 남아 있었던 것이었다.

그보다 더 중요한 문제는 데이비드 장에게 너무 의존하고 있었다는 사실이었다. 일 잘 하는 직원이라고 해서 언제까지나 그 자리에 있지는 않는다는 것을 알아야 했는데, 열심히 일하는 그가 언제까지라도 있어주리라 생각했던 것이다.

"그동안 데이비드가 했던 일 중에서 매뉴얼로 만들 수 있는 일을 정리해 보자. 그건 내가 할게. 지금 생각해 보니 커피부터 매장관리까지 데이비드한테 의존도가 너무 높았어."

"그러네. 내 생각도 마찬가지야. 간단한 일이라고 마음 놓고 맡겼는데 지금와서 내가 해야 한다고 생각하니 엄두가 안 나네."

"다시 해 보자. 지금부터는 한 사람에게 너무 의존하면 안 되겠다. 회사에서도 매뉴얼화하는데 이것도 마찬가지야. 지금부터라도 모든 일을 파악해서 매뉴얼을 만들어야겠다."

황보승훈의 표정은 결의에 차 보였다.

16 생산 능력과 최대 매출액은 어떤 관계일까?

　기업을 운영함에 있어서 생산 능력을 근거로 생산성을 파악하는 것은 지극히 당연한 일이다. 그러나 많은 중소기업이나 자영업 CEO들은 자기 회사나 점포의 생산 능력을 정확하게 모르는 경우가 많다. 기본 계량단위까지 알고 있다는 말이 아니라 어느 정도의 오차를 감안한 생산 능력은 검토되어야 한다는 말이다.

　생산 능력이라고 말하면 제조공장이라고 생각할 수도 있으나 자동차 정비센터나 극장, 외식 점포 등은 생산 능력을 표현할 수 있다.

　제조 공장은 보유 설비의 설계 능력이나 유효능력을 기준으로 평가할 수 있다. 예를 들어, 플라스틱 사출 성형기 1사이클 소요시간과 금형의 cavity를 곱하면 된다. 여기서 금형의 cavity는 한 개의 금형에서 동일한 제품을 몇 개씩 생산 가능한지를 나타낸다. 막걸리 공장은 막걸리의 숙성에 사용하는 탱크용량과 숙성기간이 생산 능력이 된다.

> 플라스틱 사출을 예로 들어, 1사이클에 1분이 소요되는 사출 공정에서 cavity가 4개인 금형을 사용할 경우에는 하루 생산량은 1분 생산량 4개 ×60분 ×8시간 =1,920개로 계산할 수 있다.
>
> 외식업 점포의 경우에는 매장의 면적 및 테이블 수, 좌석 수, 테이블 회전수, 고객 1인당 소비 금액(1인당 객단가), 영업시간 등을 기준으로 생산 능력을 파악할 수 있다.
>
> 만약 4인용 테이블 10개를 갖춘 매장에서 테이블 회전수를 4회전으로 예상하고 고객 1인당 소비 금액을 15,000원으로 예상한다면 하루 최대 예상 매출액은 4인×테이블 10개×4회전×15,000원 = 2,400,000원으로 계산할 수 있다. 월간 25일 영업하는 경우 월 최대 매출액은 60,000,000원이 되는 것이다.

  이처럼 처음부터 공장이나 매장을 설계하면서 계산하는 생산 능력을 설계 능력이라고 한다.

  그러나 설계 능력을 100% 발휘하는 경우는 거의 없다. 업무나 영업이 진행됨에 따라서 발생할 수 있는 다양한 변수로 인하여 생산 가능한 능력은 차이가 나게 된다. 이렇게 주어진 시스템에서의 생산 능력을 유효 능력이라고 정의한다.

  예측된 생산 능력을 근거로 하여 실제 업무에서 유효 능력이 발휘되는가를 관리하는 것이 생산 관리의 중요한 요소가 된다. 현재의 주어진 인력과 자원을 활용하여 실제로 달성한 생산량을 파악하고 이를 효율이라고 표현한다.

이를 식으로 다시 표현하면 효율=$\frac{실제\ 생산량}{유효능력}$으로 계산할 수 있다.

> CEO는 주기적으로 기업의 효율을 분석하여 효율이 낮아질 경우 문제점을 찾아 해결하는 노력을 하여야 한다.
> 설계 생산 능력을 100%로 본다면 효율은 적어도 85% 정도는 유지하고 있어야 평균 수준이라고 할 수 있다.

필요한 경우 잔업이나 일용 인력을 고용하여 생산할 수 있는 여력이 남아있다면 추가되는 능력을 피크 능력이라 한다.

CEO는 사업 계획을 세울 때 예상 매출액을 근거로 하여 생산 능력을 파악하고 설비 또는 인력을 확보해야 한다.

그러나 지속적으로 고객과의 거래가 이루어지지 않는다면 너무 큰 생산 능력을 확보하는 것은 낭비가 된다. 생산시설과 기계 등의 관리에 드는 비용도 늘어나므로 생산 능력은 20~30% 정도의 여유 능력을 가질 수 있도록 설계하도록 한다.

여기에 숙련된 인력을 확보하면 생산성을 향상시킬 수 있으니 종업원의 업무 능력을 극대화할 수 있도록 관리하는 일이 무엇보다도 중요하다.

생산 능력을 한꺼번에 너무 많이 증가하도록 계획하는 경우 생산과 관련된 부속 설비나 유틸리티 등에 대해서 검토하는 것을 잊지 말아야 한다.

17 창업자금 회수 기간은 알아야 하는 것인가?

지금 새로운 매장을 여는 것이 맞는가?

새로운 설비를 도입하는 것은?

이런 질문에 답할 시기가 오면 CEO의 고민이 깊어진다.

CEO의 성향에 따라 설비를 먼저 도입한 다음 고객을 찾아 나서기도 하고, 고객으로부터 발주를 받은 다음에 설비 도입을 검토하는 CEO도 있다. 어떤 순서로 경영하는 것이 맞는지는 아무도 모른다.

성공하는 기업에서 사용한 방법은 효과가 입증된 것일 뿐이다. 성공한 기업은 분명히 합리적인 투자 결정을 했을 것이다. 그렇기 때문에 투자를 통하여 이익을 창출해 낸 것이다.

이러한 설비 투자 결정을 위한 정보는 무엇인가?

그것은 투자의 경제성 평가, 즉 설비 투자금을 언제 회수할 수 있는가 하는 것이다. 또한 얼마의 기간에 투자금을 회수하는 것이 가장 적정한가를 검토하는 것이다.

설비 투자금의 회수 기간을 평가하는 방법으로는 자본회수 기간법, 투자이익률법 등이 사용되고 있다.

> 자본회수 기간법을 계산하는 방법은 다음과 같다. 투자액을 연간 이익과 감가상각비로 나눈 값이 되는데, 계산이 쉬워서 활용도는 높으나 회수기간에만 집중한 나머지 그 이후의 수입에 대해서는 관여하지 않는다.
>
> $$자본회수기간(연) = \frac{순투자액}{연간이익 + 감가상각비}$$
>
> 다른 계산법인 투자이익률법은 설비투자로 생산하는 제품의 이익을 예측하여 이를 투자금액으로 나눈 값이다.
>
> $$투자이익률 = \frac{평균\ 이익액}{순투자액} \times 100$$

투자이익률법은 이익률이 얼마인가를 바로 확인할 수 있으므로 투자 결정에 관한 직접적인 정보로 활용될 수 있으나 시간에 따른 화폐가치의 변화를 알 수 없어서 현재의 금액으로만 파악되는 단점이 있다.

간단한 계산만으로도 설비를 도입할 것인지 말 것인지를 검토할 수 있는 정보를 얻을 수 있다. 이러한 정보를 근거로 평가한다면 경영이 훨씬 투명하고 안정적으로 이루어질 수 있을 것으로 기대된다.

18 효율적인 공간 활용법은 무엇인가?

　설비는 제품이나 서비스를 만들고 실현하는데 사용되는 장치나 시스템이라고 정의한다. 설비를 보유하지 않은 기업은 없다. 비단 제조업에 종사하는 기업만 설비를 가지고 있는 것이 아니다. 택배회사의 설비는 바로 택배 트럭이다. 트럭이 고장 나면 곧바로 업무를 중단해야 한다. 휴대전화는 어떤가? 택배 업무 종사자들에게 휴대전화는 필수품 중에서 가장 중요한 필수품이다.

　치킨 전문점의 튀김기는 아주 중요한 설비다. 그런데 이런 설비가 갑자기 멈추어 버린다면 어떻게 될까?

　아마 그 날의 일은 엉망이 되고 해당 기업이나 점포는 엄청난 손해를 보게 될 것이다. 이렇듯 중요한 설비를 어떻게 하면 잘 유지하고 관리하여 생산성을 높일 것인가 하는 것이 중요한 전략이 된다.

　설비의 유지관리 활동을 설비 보전이라고 한다. 설비 보전은 설비의 관리를 통하여 경제적인 활용이 가능하도록 하는 일이다. 즉 같은 비용으로 최대의 효율을 내는 것이다.

설비 보전은 사전 활동과 사후 활동으로 구분할 수 있다.

사전 활동은 예방보전과 예측보전으로 구분한다. 예방보전은 정기적인 점검 및 부품 교체 등을 통하여 고장이나 사고를 방지하는 일이다. 예측보전은 설비의 주요 부위, 특히 고장이 잘 나는 부위를 점검 장비를 동원하여 수시로 확인하고 사전에 검출하는 활동이다. 최근에는 전자식 경보 장치를 부착한 기계를 많이 활용하고 있다. 이는 설계단계에서부터 적용되는 기능이다.

사후 활동은 수리 활동으로 설비의 고장이나 파손이 일어나는 경우, 최단시간에 수리 또는 보수를 할 수 있는 시스템을 갖추는 것이다.

설비 보전을 통한 효율적인 운영은 동일한 투자비용으로 어떻게 하면 최대의 이익을 낼 수 있는가의 문제를 해결하는 방법이다.

> 제조업은 물론이고 점포 창업자도 설비의 배치가 중요하다.
> 설비를 어떻게 배치하는가 하는 것도
> 설비의 효율성에 아주 큰 영향을 주는 요인이므로
> 설비 배치도 신중하게 시뮬레이션을 통해서 결정할 필요가 있다.

설비 배치 또는 공정 순서를 결정하기 위해서는 효율적인 설비 배치법 혹은 공정 배치법을 활용하여 운영할 필요가 있다. 공정 연계성과 면적, 공정 이동 순서, 소요시간 등을 파악하여 공정별 배치를 확인할 필요가 있다. 기존에 설치된 경우라도 검토해 볼 필요가 있다.

필자는 공정배치 기법을 제과점, 반찬 가게, 피자 등의 점포 배치에도 적용한 사례가 있다. 대부분의 경우에 공정배치 기법을 적용할 수 있다.

동선 배치는 이동의 낭비를 없애고 이동이 중복되지 않도록 하여 효율적이고 빠른 고객 대응이 가능하도록 하며 현재 보유한 최대의 생산 능력을 이끌어 낼 수 있도록 해 줄 것이다.

초보 사장의 경영이야기   생산 능력 확장과 투자금 회수기간

생산 능력을 확장하기 위하여 설비를 구입하고자 할 때 투자금 회수기간을 고려한다.

㈜피에프티의 월요일 아침 업무 회의를 시작하려는데 박영진이 도착했다. 박영진은 경영 지원금 집행을 위한 실사의 일환으로 고진필의 회사를 방문했다.

고진필은 급하게 박영진을 맞았다. 회의 시작 시간이라고 양해를 구하자 박영진은 자신이 회의에 참석해도 괜찮은지 물었다. 고진필도 박영진의 방문은 알고 있었지만 이렇게 아침 일찍 찾아 올 줄은 몰랐던 터라 난감했지만 박영진이 회의에 참석해서 회사의 운영 현황을 듣고 조언을 해주는 것도 좋겠다는 생각에 흔쾌히 같이 회의에 참석하기로 했다.

오늘 회의 안건은 지난 번 미루었던 설비 도입에 대한 건이었다. 설비 도입을 위한 내용 검토와 결정이 필요한데 이 안건으로 회의를 한 것이 벌써 네 번째로 계속 검토만 진행되고 결론이 날 기미가 보이지 않았다.

오늘 회의도 자금을 담당하는 김영국 부장이 시작했다.

"제 생각에는 기존 설비를 활용해서 최대한 생산하는 편이 맞는 것 같습니다. 설비 도입 가격이 4억 원을 상회하고 있습니다. 지금 상태로는 자금 확보가 어렵습니다."

그러자 기다렸다는 듯이 생산부장인 정충환이 말을 받았다.

"김부장님 생각도 일리는 있습니다만 지금 설비 도입이 시급합니다. 계속 잔업과 특근으로 물량을 맞추고 있지만 한계 상황입니다. 빨리 설비를 도입해서 생산 능력을 높여야 합니다."

옆에 앉아있던 개발팀의 이호영 과장이 작은 소리로 끼어들었다.

"저도 정부장님 말씀에 동의합니다. 한두 달 후에 추가 개발품이 진행될 예정이고 그렇게 되면 현재의 장비로는 불가능합니다."

의견이 뚜렷하게 둘로 갈리자 고진필은 난감해졌다.

설비를 도입해서 생산 능력을 높여야 하는 생산부서의 입장도 이해가 된다. 생산부 정충환 부장만 해도 지금까지 한 달째 쉬는 날 없이 출근하고 있다. 종업원들의 근무 환경을 생각해서라도 설비를 도입하는 편이 맞다. 하지만 자금을 관리하는 김영국 부장의 말도 허투루 들을 수는 없는 상황이었다. 자재 구매비용도 은행에서 차입한 상황이라 설비 자금까지 차입할 수 없는 상황이었다.

이렇다 할 결론이 나지 않은 채 회의가 30분 가까이 진행되었다. 고진필은 박영진에게 도움을 받아야 한다고 생각했다. 의사결정이 늦어지면 더 어려워지게 된다는 것을 알고 있었다.

고진필은 부서장들에게 박영진을 소개하고 옆자리를 내주었다. 박영진은 자리에 앉아 회의에 참여하게 되었다.

박영진이 회의에 참석한 후에도 의견 대립은 계속 되었다. 고진필은 고민만 할 뿐 결론을 내지 못하고 있었다.

다시 30여 분의 시간이 흐르자 박영진이 양해를 구하며 자신이 발언해도 좋을지 고진필에게 물었다. 고진필이 흔쾌히 동의하자 조심스럽게 입을 열었다.

"우선 갑작스럽게 회의에 참석해서 죄송합니다. 직업병이라서 어쩔 수가 없네요."

직원들에게 양해를 구한 박영진이 회의 진행에 대한 방법을 먼저 언급했다.

"지금 회의 내용을 들으니 비슷한 주제의 회의를 여러 번 진행하신 듯 합니다. 그래서 여쭈어 봅니다. 김영국 부장님이시던가요?"

"예?"

갑작스러운 지적에 김영국이 놀란 듯 박영진을 쳐다보았다.

"그동안 자금 운영하시면서 설비투자 회수기간은 검토하셨는지요?"

"설비투자 회수기간이라 하시면 무슨 말씀이신지?"

"예, 설비투자 회수기간은 말 그대로 이 설비를 도입하면 이익이 얼마나 발생하며 투자금을 회수하는데 기간이 얼마나 걸리는가 하는 것입니다. 혹시 검토하신 내역이 있습니까?"

검토해 본 적이 없는 김영국은 고개를 가로 저었다. 생산부의 정충환 부장도 입으로는 설비투자 회수기간이라고 따라했지만 정확하게 의미를 이해하지 못했다. 고진필도 마찬가지였다. 투자에 따른 이자 비용 및 설비 견적 검토는 진행했지만 투자비용 회수기간에 대한 검토는 진행한 적이 없었다.

박영진은 해결의 실마리를 찾은 듯 부드러운 웃음을 머금었다.

"설비 도입이 필요한 경우에는 먼저 생산 능력과 생산 제품을 검토하신 후에 진행합니다. 이때 중요한 것이 설비투자 회수기간입니다. 설비비용이 너무 크거나 한 가지 제품만을 생산하는 전용생산 설비의 경우에는 더욱 중요합니다."

> 설비 도입 시 중요한 점은 설비의 생산 능력을 파악하는 것이다.
> 설비는 설계 능력, 유효 능력, 실제 능력으로 구분되는데,
> 최초 설비 도입의 단계에 이러한 내용을 파악하여야 한다.
> 설비 능력이 곧바로 이익과 연결되기 때문이다.

결론이 없는 회의는 시간 낭비다.
회의의 기능은 정보 공유 혹은 의사 결정이다.

"그리고 회의의 운영도 몇 가지 조언을 드리고 싶습니다. 회의의 기능은 크게 두 가지로 구분합니다. 한 가지는 정보의 공유이고, 또 한 가지는 의사 결정입니다. 오늘 회의에 참석해 보니 우리 회사의 회의 진행은 둘 중 한 가지도 충족이 되지 않는 것 같습니다."

그도 그럴 것이 정보의 공유를 위해서라면 박영진이 말한 설비투자 회수 기간이 파악되면, 적정한 기간 내 투자금 회수가 가능하고 설비 가격, 제품 이익, 향후 생산 계획등과 해당 설비에 대한 정보만 논의하면 끝난다.

의사 결정을 위한 회의라면 회의 참석자들은 회의 참석 전에 회의 주제에 대한 정보를 파악하고 있어야 한다. 그래야 빠른 의사결정이 가능하기 때문이다.

오늘은 어느 것 하나 진행되지 않았다. 정보도 각자 가지고 있었으며 분석 결과도 각자의 생각이었다.

고진필은 박영진의 말을 들으며 부끄러워졌다. 창업 후 일 년이 다 되어

가는 기간 동안에 회의 운영도 제대로 못했던 것이다.

직장 근무 시절에 부서장 회의나 간부회의를 진행할 때 회의를 시작했다 하면 한두 시간은 기본이었다. 어떤 날은 회의만 몇 번하면 퇴근시간이 되곤 했다. 그러나 회장이 참석하는 확대 간부회의는 전혀 달랐다. ㈜미래산업의 CEO였던 이동호 회장은 확대 간부 회의시간에 한 사람이 발언하는 시간을 3분 이하로 정했다. 3분 이내에 분석한 정보를 내 놓지 못하면 상황파악을 제대로 한 것으로 볼 수 없다는 것이 그의 시간 관리 철학이었다. 사장 이하 간부가 참석하고 이동호 회장이 직접 주재하는 회의는 30분을 넘는 법이 없었다. 특히 회의에서 필요한 결론은 아주 중대한 사안이 아닐 경우 그 자리에서 결정했다. 안건이 상정되지 않으면 회의도 없고 상정된 안건은 반드시 처리하고 끝이 났다.

"박실장님, 회의 하나도 제대로 못하는 회사라고 놀리지나 마십시오."
고진필은 머쓱해져서 박영진에게 농담을 건넸다.
"그래서 초보 사장님이죠. 벌써 다 잘하시면 더 이상하죠? 안 그렇습니까? 지금부터라도 바꾸시면 됩니다."
"좋습니다. 결론도 없는 회의는 시간만 아깝습니다. 박실장님의 조언대로 각 부서별로 충분한 데이터를 정리해 주십시오. 설비의 필요성에 대한 것과 설비 투자금 회수에 대한 내용을 공유하고 난 다음에 회의를 진행하겠습니다. 오늘 회의는 이것으로 마치겠습니다."

CEO가 할 일은 의사결정이다.

회의를 마치고 직원들이 회의실을 빠져나가자 고진필은 한숨을 쉬었다. 옆에 있던 박영진의 걱정스러운 눈길이 고진필의 얼굴에서 멈췄다. 말이 없었다. 경영의 어려움이야 알고 있었지만 이렇듯 순간순간 계속되는 문제를 헤쳐 나갈 방법이 묘연했다. 창업 이후 편안하게 잠든날이 며칠이나 될까. 차라리 몸이라도 힘든 날이 좋았다. 제품 생산하랴 기계 관리하랴 정신없이 일한 날은 마음이라도 편했다.

"고사장님, 요즘 성장통을 앓으시는군요."

"성장통요?"

"예, 이런 걸 성장통이라고 부르죠. 아이들도 키가 크고 몸집이 불어나면 아프다고 하잖습니까? 지금까지 가지고 있던 것보다 훨씬 큰 것을 지탱해야 하니까 당연한 거지요. 회사도 마찬가지입니다. 이런 고통이 있어야 성장하는 거지요."

박영진은 다 알고 있다는 표정을 지으며 편안하게 말했다. 그러나 고진필까지 편안해지지는 않았다.

"물론 말씀은 그렇게 하실지 모르지만 저는 한순간 한순간이 줄타기 같습니다."

"예. 그러실 겁니다. 고통도 내성이 생겨야 하니까요. 그래서 피하지 못하면 즐기라고 하잖습니까."

"저도 현업시절에 얼마나 많이 쓴 말인데요. 직장 생활할 때 부하직원들이 사표내거나 이직 때문에 고민하다고 하면 하던 말이 바로 그 말입니다. 지나고 보면 뜻도 모르고 지껄인 셈이죠. 그러고 보니 지금도 딱 그 말이네요. 어차피 지나갈 길이죠?"

박영진이 고개를 끄덕이며 미소를 지었다.

"우선 현재 문제를 해결할 수 있는 대안을 몇 가지 생각해 보시죠. 사실 지금 문제는 고 사장님입니다. CEO의 역할은 의사결정자입니다. 직원들은 의사결정을 할 수 없습니다. 이런 소기업에서는 대표의 결정이 기업의 결정이죠. 의사결정은 문제 해결을 위해서 대책을 찾기 보다는 최선의 선택과 차선의 선택을 찾는 것이 아닐까 생각됩니다."

고진필이 등받이 깊숙이 등을 밀었다. 결국 선택의 문제였다. 설비를 살 것인가 또는 말 것인가의 선택. 제품을 만들 것인가 또는 만들지 않을 것인가의 선택. 사업을 할 것인가 또는 포기할 것인가의 선택.

선택의 결과 또한 자신의 몫이었다.

"고사장님께는 경영 지원금을 빨리 집행해야겠습니다. 사무실에 들어가는 대로 회장님께 결재 올리겠습니다. 급히 활용하셔야 하는데 지금이 적절한 타이밍이네요."

"그래 주시면 저야 감사할 따름입니다."

"제가 회사 방문보고서를 작성한 다음 회장님 면담이 있으니 빨리 진행하도록 하겠습니다. 연락드리겠습니다."

박영진은 밝은 얼굴로 자리에서 일어섰다.

아마도 기대했던 것 이상으로 성장하고 있는 고진필이 마음에 드는 모양이었다. 물론 현재의 고진필을 보는 것이 아니라 3년쯤 후의 고진필 사장은 진짜 경영자로서 모습을 충분히 갖출 수 있을 것이다.

박영진의 출장 보고를 접한 이동호 회장이 직접 전화를 했다. 고진필의 회사 현황에 대한 면밀한 검토를 주문했던 것이다. 당초 고진필의 창업에 영향을 준 사람이 이동호 회장이었다. 자신의 직원 중에서 경영자로서 자질을 가지고 있는지 알고 싶었던 이동호 회장이 고진필이 창업하도록 유도하는 상황을 만들었던 것이다.

박영진이 떠나자 고진필도 안도의 한숨을 쉬었다. 그는 경영 지원금을 까맣게 잊고 있었다. 며칠 전까지도 기억하고 있었는데 정작 필요한 때에 잊어버린 것이다. 이동호 회장을 만난 다음 자금이 생긴다면 전체적인 자금 운영도 한숨 돌릴 것이었다. 필요한 시기에 딱 맞게 해결된 것이다.

함께 성장하는 방법을 찾아야 한다. 업무 제휴나 동업이 나쁜 것만은 아니다.

커피프랜즈의 오후는 매우 조용했다. 손님이 눈에 띄게 줄었다. 며칠 전에 길 건너편에 개업한 대형 브랜드 커피 전문점을 힐끗 쳐다보던 이경희가 애써 외면하려는 듯 얼굴을 돌렸다.

30미터 정도 떨어진 위치에 개업한 커피전문점은 며칠 째 개업 행사를 하고 있었다. 아메리카노 커피를 1+1 할인행사로 판매하는 바람에 대부분의 손님들이 그 쪽으로 가 버리고 이경희 사장의 매장에는 간혹 한두 명의 손님이 들르는 실정이었다.

'이대로 가면 어떻게 될까?'

이경희는 두려운 생각이 머릿속에서 일어나는 것을 막을 수 없었다. 그녀는 사업을 야심차게 시작했고 엄청나게 성공할 줄 알았다. 아니 처음 몇 달간은 분명히 자신이 생각하던 것처럼 성공했다. 항상 손님의 발길이 끊이지 않았고 매장뿐만 아니라 테이크아웃 손님까지 계속 줄을 이었다.

그것도 잠시였다. 한없이 계속될 것 같았던 매출 상승은 어느 날부터 꺾이기 시작했다. 이유도 알 수 없었다. 단지 여러 가지 일들이 있었다는 것 밖에.

그녀의 매장에서 바리스타로 일하던 데이비드 장이 떠났고 길 건너편에는 브랜드 커피전문점이 오픈했다. 남편인 황보승훈이 진급하고 나서 저녁 시간에 도와주기가 더 힘들어졌다. 아르바이트 직원을 한 명 고용하기는 했지만 한 번 어긋난 일은 시작과 끝을 알 수 없었다.

"저, 사장님. 안녕하셨어요?"

조심스럽게 문을 열고 들어온 데이비드 장이 겸연쩍게 웃으며 이경희에게 다가왔다. 독립을 선언하고 매장을 떠난 지 일주일 만이었다. 이경희의 입장에서 생각해 보면 잘 떠난 것인지도 모른다. 지금은 매출도 떨어지고 직원으로 월급 주기도 어려운 형편이다.

이경희가 놀라서 카운터에서 나왔다.

"어쩐 일이에요? 그렇게 붙잡아도 떠나더니."

이경희의 말투가 곱지 않았다. 그때만 해도 데이비드 장이 없으면 카페 문을 닫을 지도 모른다고 할 만큼 떨었던 자신이 미웠다.

"그때는 죄송했습니다. 너무 제 생각만 한 것 같습니다."

"근데 어쩐 일이세요?"

이경희의 목소리는 여전히 차갑다. 데이비드 장은 무슨 말을 하려다 말고 성난 이경희의 눈길을 피했다. 할 것인가 말 것인가 우물쭈물하는 모습이 역력했다.

"드릴 말씀이 있어서 왔습니다. 이런 말씀 드리기 염치없지만 딱히 기댈 만한 데가 없습니다."

데이비드 장이 목소리를 낮추며 고개를 숙였다. 힘든 일이지만 맨몸으로 불구덩이로 뛰어들 수는 없는 노릇이었다. 그도 막상 창업을 하겠다고 나섰지만 결국에는 창업 자금이 문제였다. 호기롭게 독립을 결정했던 그였지만 막상 카페를 오픈하려니 자금이 생각보다 훨씬 많이 들어가는 통에 아직 시작도 못하고 있는 형편이었다.

"들어봐요, 데이비드. 알다시피 우리도 몇 년을 준비해서 시작한 카페예요. 창업 자금만 해결된다고 모든 게 해결되는 건 아니죠. 오랜 시간이 지나야 창업할 수 있어요. 그런데 한두 달 만에 창업을 하겠다고 나서는 걸 보니 얼마나 마음이 안타까웠겠어요?"

"그때는 죄송했습니다. 제가 생각이 짧았습니다. 막상 가게를 구하고 인테리어 비용을 알아보니 돈이 너무 많이 들더군요. 그래서 어떻게 하면 좋을지 몰라서 사장님 조언이라도 들으려고 왔습니다."
데이비드가 고개를 숙여 인사를 했다.
무슨 방법이 있을까? 이경희는 멀뚱멀뚱 먼 산만 쳐다봤다. 하필 본다는 것이 새로 생긴 브랜드 커피전문점의 정문쪽으로 눈길이 갔다. 연신 문을 밀고 들어가는 손님들로 문턱이 닳을 지경이다.
"어, 저 손님은 우리 가게 단골인데."
이경희가 손가락으로 가리키며 말을 잇지 못했다. 그 모습에 놀란 데이비드 장이 몸을 돌려 손가락 끝을 따라갔다. 동시에 그도 눈을 크게 뜨고는 말을 못했다.
"저기 보세요. 저 가게 오픈하고 나서 우리 형편도 너무 힘들어요. 다시 데이비드가 일할 수 있는 처지가 못 돼요. 아마 한 달 정도는 매출에 상당히 영향을 받을 것 같구요. 그 다음에는 어찌될지 알 수가 없어요."
이경희의 힘빠진 표정에 데이비드 장은 더욱 미안한 마음을 지울 수 없었다. 오늘 방문한 목적은 다시 취직하겠다는 것이 아니었다.
"저도 다시 취직하겠다고 말씀드릴 생각은 아닙니다. 혹시 2호점 오픈을 생각해 보셨는지요? 저도 혼자 커피전문점 창업을 준비하려니 힘이 들어서 사장님의 도움을 받아 같이 해보면 어떨까 해서 말씀드리러 온 겁니다. 다른 곳보다 저렴하게 카페 창업을 할 수 있도록 도와주실 수 있는지 부탁드리려고 왔습니다. 물론 커피프랜즈가 브랜드로 알려지지 않았지만 저처럼 커피에 미쳐서 창업하려는 사람들에게는 충분히 힘이 될 것 같습니다."
데이비드 장의 말을 들으면서 이경희의 머릿속에 불이 붙은 듯 생각들이 타오르기 시작했다. 할 수도 있을 것 같았다. 자신이 처음에 점포 임대하러 다닐 때의 그 열정이 떠올랐다. 커피에 대한 열정으로 멋진 점포를 찾으러 다니기 위해 얼마나 많이 돌아다녔던가. 자신과 비슷한 목표를 가진 사람들에게 도움을 줄 수 있다면 그것 또한 행복일 것이다.

"그래요. 좋은 생각인데, 어떻게 해야 좋을까요?"

"저도 잘 모르겠습니다만, 가능할 것 같지 않으세요?"

"예, 그렇기도 하겠네요. 남편하고 상의해 봐야겠네요."

데이비드 장의 말을 들으면서 이경희는 이미 새로운 비전을 그리기 시작했다.

'개업특수'라는 것이 있는데, 고객이 새로 개업한 매장에 호기심 때문에 한 번씩 들르게 된다. 한 달 정도는 족히 특수를 누린다. 괜찮은 제품이나 점포의 경우에는 고객들의 호기심을 자극하여 한 번쯤은 발길을 하게 된다. 이때가 중요하다. 과연 고객을 사로잡을 수 있는 그 무엇을 가지고 있는가? 그렇다면 영원히 그 고객의 발길을 잡을 수가 있다. 창업하는 기업의 첫 번째 관리지표는 매출액이 아니라 재구매비율이다. 한 번 들른 고객이, 한 번 구매한 고객이 지속적으로 구매가 이루어지고 결국에는 충성고객이 될 수 있는지 알기 위한 지표다. 만약 당신이 그런 극강의 제품이나 서비스를 가지고 있다면 지금 당장 창업에 나서야 한다.

19 종업원의 채용과 관리가 너무 어렵다

중소기업의 가장 큰 문제는 인력이다. 최근 청년 실업률이 7%를 넘는다고 걱정이 심하다. 매스컴에서는 연일 취업난에 일자리가 없다는 뉴스를 내보내고 있다.

그러나 중소기업의 현실은 정반대다. 일할 사람이 없어서 멈춰 선 기계가 즐비하다. 중소기업의 CEO들은 애가 탄다. 이미 주문을 받았는데도 생산을 해 줄 수가 없다고 한다.

어디서부터 잘못된 것인지 무엇이 잘못된 것인지도 정의하기가 어려운 실정이다.

중소기업의 CEO는 급한 마음에 인터넷 구인 사이트나 구인 정보 신문 등을 이용해서 인력을 채용한다. 일할 의사만 있으면 누구라도 대환영이다. 하지만 그런 즐거움도 잠시뿐이다. 채용한 직원은 근무한 지 하루만에 온다간다 말도 없이 사라진다. 전화라도 해보면 힘들어서 일을 못하겠다는 대답이 돌아온다. 가끔씩은 월급이 적다는 말을 듣기도 하지만 대처할 방법이 없다.

심지어 사돈의 팔촌까지 모시고 와서 근무하지만 이마저도 오래 가지 않는다. 다른 기업에서 월급을 조금 더 준다는 정보를 입수하면 즉시 모습을 감춘다.

> 급여를 주위의 비슷한 기업보다 더 많이 줄 것인가?
> 그렇다. 급여를 많이 주면 당연히 달라진다.
> 가라고 해도 절대 떠나지 않는다. 모 회사의 CEO는 항상 경쟁업체보다 급여를 10% 정도 많이 인상한다. 왜 그러냐고 물으니, 급여를 10% 더 주면 떠나는 사람이 없어 2~3년만 지나면 숙련공이 되고 생산성이 30%는 더 올라간다고 대답했다.

최근에는 외국인 근로자의 이직이 자유로워지자 비슷한 현상이 나타나고 있다. 급여가 높은 곳을 찾아가는 것은 모든 근로자의 당연한 권리이다. 이것이 나쁘다는 것이 아니다.

이런 시기에 어떻게 대처하는 것이 가장 현명한 방법인가 하는 것이다. 그냥 모두 떠나가네 하고 가만히 보고만 있을 것인가. CEO는 결정해야 한다.

그럼, 채용하려는 사람이 마음에 들지 않으면 어떻게 할 것인가? 마음에 드는 직원이 올 때까지 기다려야 한다. 급하게 직원을 채용하고 후회하는 경우가 얼마나 많은가?

종업원의 입장에서 입사는 어렵지만 퇴사는 쉽다. 같은 논리로 회사는 종업원을 채용할 때는 까다롭게 하고, 퇴사할 때는 미련 없이 떠나보내는 마음을 가져야 한다.

직원에게 복지 혜택을 더 줄 것인가?

그렇다. 직원의 복지에 관심을 가지는 CEO에게 직원들은 따뜻한 정을 느낀다. 인간적인 관계를 형성하면 종업원은 떠나지 않는다. 더불어 새로운 직원이 들어와도 인간적인 관계를 형성하게 되므로 전 직원들이 보이지 않는 고리로 연결되고 이는 회사의 성장을 견인하는 큰 힘이 된다.

수습기간을 가지는 것이 좋은가?

그렇다. 필히 수습기간을 설정하자. 3개월 정도는 일하는 것을 지켜본 다음 정규직원으로 채용하자. 회사의 입장에서 본다면 업무 능력에 따른 급여 수준과 열정적인 근무 상태를 확인해야 한다. 최소한 3개월 정도는 그 사람의 업무 능력이나 조직 친화도, 인간적인 부분 등을 파악한 다음 채용하는 것이 타당하다.

20 업무는 교육이 아니라 훈련이 필요하다

종업원을 채용한 다음에는 무엇을 하여야 할 것인가? 종업원을 채용하면 다음 날부터 현업에 투입하여 일을 하도록 할 것인가?

마음은 그렇게 하고 싶더라도 한 박자 쉬어야 한다. 채용한 직원의 경력과 능력에 적합한 업무를 지정하고 이에 대한 검증을 하여야 한다. 물론 처음 채용할 때 업무를 염두에 두고 학력이나 전공, 자격증 또는 이전 직장의 경력 등을 꼼꼼히 검토하지만 채용한 후에는 실제 직무 교육이 필요없을 수도 있다.

그러나 모든 직원을 대상으로 하는 교육은 필히 체계적인 준비를 가지고 실시하여야 한다. 이러한 교육의 종류에는 직무 교육, OJT업무교육, 기술 교육 등이 포함된다.

이런 말을 하면 제조업이나 큰 기업이 아닌 경우, '우리는 해당 없는 말이네.' 하고 넘어가려는 CEO가 있을지도 모른다. 잠깐 다시 생각해야 한다. 회사의 규모가 아무리 작더라도 교육은 진행되어야 한다.

회사에 채용된 단 한 명의 직원이라 할지라도 교육은 해야 한다. 바로 기업 문화에 대한 교육이다. CEO가 가지고 있는 회사의 비전과 미션, 그리고 주요 제품과 대상 고객, 고객의 특징과 시장 트렌드 등 직원들이 알아야 할 것들이 얼마나 많은가 말이다.

> **종업원들이 자신의 회사와 제품에 대한 자부심이 있는 경우 업무 성과가 훨씬 높아진다.**

한 기업의 예를 들면, 처음에는 사장님과 3명의 직원이 창업을 했다. 그들은 컨테이너로 지어진 숙소에서 새우잠을 자고 라면으로 끼니를 때우며 고생했다. 그 고생이 결실을 맺어 몇 년 만에 회사는 종업원이 60명으로 늘어나고 매출액은 첫 해와 비교해서 30배나 늘어났다. 얼마나 기쁜 일인가?

그러나 창업 때 고생했던 직원들은 한 명도 남아있지 않았다. 왜냐하면 갑작스런 성장으로 대부분의 직원들을 경력 직원으로 채용하다 보니 모두 서로 다른 기업문화를 가지고 있었던 것이다. CEO는 창업 공신들을 팀장이나 부서장에 임명했지만 팀을 이끌어가지 못했다. 뒤죽박죽된 기업 문화를 바로 잡을 시간을 놓쳐 버린 것이다.

구미의 한 전자부품 조립회사에는 제조 현장에 투입되는 직원들을 위한 트레이닝 룸이 있다. 그곳은 근육을 단련하는 트레이닝 룸이 아니다. 이 회사의 종업원들은 생산하는 제품의 조립 능력을 검증 받아야만 현장으로 갈 수 있고, 제조 부분의 모든 종업원은 트레이닝 룸에서 훈련을 받은 다음 평가를 통과해야만 한다.

 또 다른 기업은 종업원들이 수행하는 업무에 따라 연간 기술교육을 24시간 이수해야 다음 해에 연봉이 인상되도록 강제로 규정해 둔 회사도 있다. 이 회사의 종업원들은 어떤 일이 있어도 교육을 이수하고야 만다.

 종업원들에게 1년이 지났다고 해서 연봉을 올리는 것은 맞지 않다. 종업원의 업무 능력이 그만큼 성장했다는 전제 하에 연봉이 인상되는 것이다. 만약 직원의 업무 능력이 전년도와 동일하다면 물가 인상률 이상의 연봉 인상을 요구하면 안 된다.

> 종업원은 매년 성장해야 한다.
> 성장을 통하여 당당하게 회사에 요구할 수 있어야 한다.
> 자신의 몸값을 높이는 것은 바로 자기 자신이다.

21 업무에 필요한 설명서를 꼭 만들어야 하나?

> 대형 프랜차이즈 외식업체의 강점은 잘 정리된 업무 매뉴얼이다.
> 아침 청소부터 고객의 주문응대, 집기 관리방법, 청소 방법,
> 퇴근 시간 업무 점검 등 시시콜콜한 것까지
> 매뉴얼로 만들어져 있다.

가끔씩은 '아니 뭐 이런 것까지 만들어서 지키라고 하나?' 하는 불평이 목구멍까지 올라온다.

반대로 작은 외식업체에 가보면 '아니 도대체 일을 어떻게 하라는 거야.' 하는 불평이 나온다. 이번에는 업무 매뉴얼이 하나도 없어서 문제다. 모든 일이 입에서 입으로 전해진다. 구전 동요도 아니고 전해질 때마다 글자는 하나씩 틀리고 문장이 하나씩 사라진다. 마지막에 보면 도대체 무엇을 하라는 것인지 조차도 알 수 없게 된다.

업무 매뉴얼은 업무의 속도를 높이고 직원의 실수를 줄이는 아주 중요한 문서임을 잊지 말아야 한다. CEO의 잔소리보다 훨씬 강력한 힘을 가진 것이 업무 매뉴얼이다.

> 업무 매뉴얼은 크게 두 가지로 구분할 수 있다.
> 한 가지는 업무의 흐름과 담당자를 지정한 업무 흐름도이고,
> 또 하나는 세분화 업무의 구체적인 방법을 서술한 업무 지침서이다.

업무 흐름도는 회사 내의 모든 업무가 중복되거나 누락되지 않고 유기적으로 연결되어 최단 시간에 진행할 수 있는 길을 만들어 둔 것이다. 그러므로 어떤 업무든지 주저하지 않고 진행할 수 있도록 되어 있다.

업무 지침서는 업무의 흐름을 원활히 하고 효율성을 극대화하기 위하여 업무 숙련자가 작성한 업무 방법서이다. 이러한 업무 방법서는 모든 업무의 기준이 되기도 한다.

매뉴얼을 만드는 방법을 보자. 먼저 모든 업무를 나열한다. 업무의 검토는 처음 고객과의 접점에서 출발하는 방법과 제품을 생산하는 처음 단계인 신제품 개발부터 출발하는 방법이 있다. 기업의 형태나 아이템의 특성에 맞추어 매뉴얼을 만든다.

예를 들면, 플라스틱 사출성형업체의 경우에는 [신제품 개발→금형 제조→시제품 제작→신제품 사양 확인→재료구매→제품생산→완제품검사→포장→납품]에 이르는 단계로 이루어져 있다. 이런 각각의 행위별

로 업무 흐름과 업무 방법이 결정되어야 한다. 업무 방법은 누가 보더라도 알 수 있도록 쉬운 말로 풀어서 표현해야 한다.

이렇듯 제품이나 서비스와 관련이 없는 청소하기, 전화 응대하기, 회의 순서 등 다양한 기업의 활동들을 매뉴얼로 만들고 모든 직원이 공유한다면 회사는 동일한 생각을 가지고 일사불란하게 움직이게 된다. 그 결과 업무 속도의 증가는 생산성의 향상으로 이어져 기업의 이익으로 돌아온다. 기업에서 하는 모든 행동은 이익을 극대화하기 위한 방법이며, 이러한 활동으로 인하여 일이 어려워지고 복잡해진다면 그것은 잘못 만들어진 매뉴얼이므로 즉시 바꿔야 한다.

우리는 이익을 만들기 위해서 일한다. 힘들어지려고 일하지 않는다.

초보 사장의 경영이야기   경영의 핵심은 사람이다

생자는 필멸(必滅)이요 기업은 불멸(不滅)하여야 한다.

이동호 회장이 응접실에 처음 들어온 고진필은 눈이 휘둥그레졌다. 화려하지 않은 단아한 사무실 인테리어가 낯설지 않았다. 어느 고택의 마루에 앉은 듯한 느낌. 중견그룹의 회장실 치고는 너무 소박한 것이 아닌가 싶을 정도의 심플함, 그 자체였다.

중앙에 위치한 원형 테이블을 중심으로 1인용 소파가 배치되어 있었다. 고진필을 인도한 이동호 회장이 먼저 자리에 앉고 고진필은 두어 칸 건너 자리에 앉았다. 잠시 후 비서실 직원이 과일 주스를 내 올 때까지 두 사람은 말이 없었다.

"고사장님, 생자필멸(生者必滅)이라는 말 알아요?"
"글쎄요? 갑자기 말씀하시니 생각이 안 납니다. 회장님."
이동호 회장의 뜬금없는 질문에 고진필이 당황했다.
생자필멸(生者必滅). 생명이 있는 것은 모두 죽는다는 뜻이다.
갑자기 왜 생자필멸인가?
오늘은 고진필이 경영 지원금을 받기로 확정된 날이었다. 며칠 전 박영진 실장이 회사를 다녀간 후 운전 자금의 시급성을 확인한 그가 며칠 만에 이동호 회장에게 보고해서 확정됐다고 전화를 한 것이 어제 저녁이었다. 그런데 오늘 아침 갑자기 이동호 회장이 직접 전화를 걸어온 것이다. 처음에 "이동홉니다." 하는 이회장의 전화 음성을 듣고 고진필은 "누구시라구요?"하고 대꾸를 했다. 이회장이 직접 전화할 것이라고 생각해 본 적이 없었다. 시간 있으면 커피 한 잔 하자는 이회장의 요청에 부랴부랴 달려온 길이었다.
"살아있는 것은 다 죽음으로서 원래의 자리로 돌아가는 겁니다. 그렇죠?"
이회장의 목소리는 차분하지만 또렷했다. 하얀색 와이셔츠에 무늬 없는 감색의 넥타이가 깔끔한 그의 성격을 보여주었다.
"예, 그렇습니다. 회장님. 다 죽겠죠."
"기업은 어떻습니까? 생자는 필멸인데."
생자(生者)는 필멸(必滅)이다. 누가 먼저 가고, 누가 늦게 가는가 하는 것만 다를 뿐이다. 왜 가는가 하는 의문은 남을 수가 없다. 사람은 누구나 한 번 쯤 나는 어디로 돌아가는가를 고민한다. 이러한 의문을 가졌다는 것만으로도 사람은 살아있다는 것이다.
"기업은 불멸(不滅)이어야 합니다. 만약 내가 미래그룹을 세웠지만 언젠가 사라질 것을 안다면 지금처럼 열심히 일할 필요가 없겠죠. 어차피 사라질 생인데, 뭘 위해서 그리 치열하게 살아갈까요?"

봄이 되면 창문틀에는 꽃가루가 내려 앉아 뽀얗다. 꽃가루는 바람에 날리어 꽃이 된다. 꽃이 된 후에는 향기를 풍긴다. 꽃향기는 진한 것 같아도 그리 오래 머물지 않는다. 그러나 사람들은 향기가 날아간 후에도 여전히 꽃향기가 남아 있다고 착각한다. 향기들은 이미 또 다른 알맹이가 되어 날아가 버린 후이다. 사람들은 알맹이를 그리워하지 않는다. 향기가 그리울 뿐이다.

이동호 회장의 선문답 같은 질문에 고진필은 멈칫했다.

생각해 본 일이 있었던가. 어릴 적 사춘기에 인간은 왜 사는가에 대해서 고민하던 그 때 이후로 생각해 본 기억이 없다. 그냥 살아온 시간일 뿐이었다.

"회장님, 너무 어려운 질문을 하셔서 대답을 못 하겠습니다. 너무 철학적인 질문이시라 …."

"예, 고사장님. 저는 CEO도 철학이 있어야 한다고 생각합니다. 그래서 공부가 필요하죠. 회사를 경영한다는 것이 그리 단순하지 않죠? 직접 해보니 어떠시던가요?"

"저야, 아직 회장님의 경영 철학처럼 거창한 철학이 없습니다. 말 그대로 한순간 한순간이 벼랑 끝에 선 것처럼 위태위태한 실정입니다."

"무슨 그런 겸손의 말씀을 하십니까? 고사장님의 경영 능력은 이미 알고 있습니다. 사실 저도 처음에는 무척 힘들었거든요. 저에 비하면 고사장님은 아주 잘 하고 계십니다."

이회장의 칭찬이 이어졌지만 고진필은 칭찬이 아니라 나무라는 것 같아 얼굴이 붉어졌다.

"아직 너무 서툴러서 회장님 칭찬이 마치 놀리시는 것처럼 들립니다."
"아닙니다. 진짜 칭찬입니다. 아주 잘 하고 계신 겁니다."
고진필의 말에 크게 손을 저으며 부인하던 이동호 회장이 이내 목소리를 낮추었다.
"요즘 저의 화두가 바로 '생자는 필멸이지만, 기업은 불멸이다'라는 명젭니다. 기업의 불멸을 위한 요소는 무엇일까요? 고사장님은 무엇이라고 생각하세요?"
고진필은 아직 생각해 본 적이 없었다. 아직 걷지도 못하는 ㈜피에프티의 입장에서는 불멸까지 논할 시기가 아니었다. 그런 것은 나중에 회사가 성장하고 난 후에 생각해야 하는 것이 아닐까. 지금은 하루하루 버티기에 급급할 따름이다.
고진필의 대답을 잠시 기다리던 이동호 회장이 말을 이었다.

> "사람이 중요해요. 기업이 좋은 제품과 많은 돈을 가지고 있어도 그것을 만들고 판매하고 관리하는 사람이 제대로 훈련되지 않으면 기업은 필멸합니다. 그래서 인재경영은 아주 중요합니다.
> **성공하는 기업들을 보면
> 직원들의 능력 향상과 그들의 삶에 깊이 관심을 가지죠.
> 그것이 기업의 불멸을 위한 요소이기 때문에 그렇습니다.**"

"그래서 예전에 미래산업에 근무할 때도 교육을 그렇게 강조하셨군요?"
"예, 그렇습니다. 직원들의 성장은 곧 기업의 성장이라는 것이 저의 생각입니다. 오늘 고사장님을 뵙자고 한 것도 같은 이유입니다."

"같은 이유라고 하시면?"

같은 이유라고 하지만 고진필은 얼핏 이해할 수가 없었다. 직원들의 교육과 자신과의 관계가 무엇인지 알 수 없었다. 이미 회사를 떠난 사람인데 이제 와서 무슨 교육인가?

"고사장님도 저와 함께 미래산업을 일구어 낸 인재입니다. 고사장님 같은 분의 성장을 돕는 것이 바로 제가 CEO로서 해야 할 일이 아니겠습니까? 저는 역량 있는 분들이 경영자가 되고 선도적인 역할을 하시기를 바랍니다. 시간이 더 지나면 고사장님께서도 제 말뜻을 아시게 될 겁니다. 지금 현재는 문제가 운전자금이라고 생각하시겠지만 사람이 문제라는 말씀을 드리고 싶었습니다."

운전 자금을 받으면 자금을 사용하는 것에만 신경을 쓸까봐 특별히 당부하는 이동호 회장이었다. 고진필은 운전자금의 문제가 아니라는 이회장의 의견에는 동의하기 어려웠지만 사람이 중요하다는 말에는 동감했다. 지금도 인력이 없어서 힘이 드는데 생산설비를 추가로 도입하면 당장 4명 정도의 생산 인력이 필요하다. 그러나 소기업의 급여 수준과 근무 조건을 받아들이는 인력들이 많지 않다. 소기업은 성장의 비전을 가지고 있는 능력있는 인재에 항상 목마르다.

이동호 회장은 고진필에게 사업의 선배로서 조언을 해 주었다. 경영의 선배들로부터 조언을 구하고 사례를 연구하는 것도 때가 있는 법이다. 이회장은 그것을 생각했던 것이다. 스스로 한계를 느끼고 문제에 부딪혔을 때 진짜 필요한 것이 선배들의 조언이다. 지금의 고진필의 문제를 운전자금의 문제라고 보지 않는 것이 이동호 회장의 시각이다. 자금을 운용하고 관리하는 인력의 능력에 따라 얼마든지 달라지기 때문이다. 이동호 회장은 떠나는 고진필을 배웅하기 위해 회사 주차장까지 따라 나왔다.

"고사장님, 모든 일이 다 그렇지만 경영은 혼자 하는 것이 아닙니다. 직원들도 같이 하지만, 주위에 사장님을 도와줄 수 있는 분들이 많이 있다는 것을 잊지 마십시오."

"예, 감사합니다. 회장님. 덕분에 힘이 생겼습니다. 또 한 번 뛰어보겠습니다. 다시 뵙겠습니다."

고진필은 깊이 허리를 숙였다. 비굴한 모습이 아니라 진실한 스승에 대한 예의였다.

사업 확장을 위한 기회를 잡아야 한다. 기회는 시장과 함께, 사람과 함께 찾아온다

커피프랜즈의 한가한 오후를 깨운 것은 박영진이었다. 이경희는 카운터에 앉아 컴퓨터로 뉴스를 보고 있었고 아르바이트 직원 두 명은 주방에 앉아 스마트폰 화면에 온 정신을 집중하고 있었다. 여유로운 음악이 흐르는 실내에는 단 한 명의 손님도 없었다.

가게 문이 열리자 모두들 화들짝 놀라 순식간에 본래의 모습으로 돌아왔다.

"어서 오십시오. 커피프랜즈입니다."

우렁찬 인사를 받으며 들어 온 사람이 바로 박영진이었다.

"예, 반갑습니다."

박영진도 커다란 소리로 인사를 하며 이경희 쪽으로 성큼성큼 걸어갔다. 이경희가 함박웃음을 지으며 일어섰다. 너무 반가운 사람이었다. 힘들 때 기억이 나는 사람을 말하라고 하면 남편 다음으로 박영진이었다.

"실장님, 어서 오세요. 목이 빠지게 기다렸습니다."

"이럴 줄 알았으면 빨리 오는 건데 죄송합니다. 제가 너무 늦게 왔죠."

이경희는 박영진을 비즈니스 룸으로 안내했다. 비즈니스 룸은 저녁 때는 여전히 붐비는 편이었지만 오후 시간은 빈 상태였다.

"손님이 뜸한 시간인가요? 매장이 조용하군요."

박영진이 주위를 둘러보며 자리에 앉았다. 아직 건너 편 커피 전문점에 대한 정보가 없는 박영진 실장은 이경희의 커피프랜즈가 잘 운영되는 것으로 알고 있었다.

이경희가 잠깐 기다리라며 나갔다가 커피와 쿠키 몇 개를 들고 들어왔다. 탁자에 커피를 내려놓고 건너편에 자리를 잡은 이경희가 손가락으로 건너편을 가리켰다.

"실장님, 저쪽 한 번 보세요. 반대편 길에 저쪽."

새로 생긴 커피전문점은 오늘도 연신 문이 열렸다 닫히는 중이었다. 박영진은 비즈니스 룸에서 나와서 아예 문을 밀고 길로 나섰다. 유명 브랜드 커피 프랜차이즈 매장이 오픈했다는 현수막과 바람 인형이 힘차게 흔들리고 있었다. 사람들이 현수막 밑을 지나 매장으로 빨려 들어갔다. 커피프랜즈가 있는 방향과 반대편을 훑어보던 박영진이 다시 비즈니스 룸으로 돌아왔다.

"언제 생겼습니까?"

"이제 일주일 정도 됩니다. 그래서 저희 집은 오후에 거의 휴식 수준입니다."

"음."

박영진이 대꾸를 못하고 깊은 한숨을 쉬었다. 항상 밝게 웃던 그의 표정이 어두웠다. 좀처럼 어두운 표정을 보이지 않는 사람이었지만, 지금의 상황을 표현할 방법이 없었다.

커피프랜즈가 연못의 붕어라면 상대는 거대한 하마 수준이다. 자본력과 업무 능력을 모두 겸비하고 있으므로 커피프랜즈의 전략 수정이 필요해 보였다.

"아무래도 경영 전략을 새로 짜야겠군요. 경쟁의 방향이 전혀 다르니 그에 대한 대응을 하셔야겠습니다."

"그래서 실장님 오시기를 기다렸습니다. 앞으로 어떻게 해야 좋을지 몰라서요."

커피프랜즈는 이 지역에서 자리를 잡은 상태였다. 창업 초기 경쟁이 없어 매출도 안정적이었고 투자비는 이미 회수된 상태였다. 그러나 아직 임대 계약은 1년 이상 남은 상태이니 당분간 영업을 지속할 필요는 있었다.

"실장님. 저희가 프랜차이즈 사업을 하는 건 어떨까요?"

"가능하십니다. 이미 매장 운영이나 제품에 대한 검증이 끝난 상태이니 충분히 가능성이 있습니다. 검토하고 계신 곳이 있습니까?"

"일전에 저희 가게에서 일하던 바리스타가 개인적으로 창업하려다가 힘이 들었던지 찾아와서 프랜차이즈 사업을 하면 어떠냐고 묻더라구요."

"그래요?"

박영진 실장의 표정이 변했다. 아까의 어둡던 표정이 없어지고 평소의 모습으로 돌아왔.

지금 시점에서 변화는 당연한 것이다. 처음 계획된 사업의 방향성 점검과 향후 추진할 목표를 새롭게 설정하는 것이다. 프랜차이즈 사업은 시너지를 낼 수 있는 요소이긴 하지만 자본이 적은 기업의 경우에는 위험을 내포하고 있다.

커피프랜즈의 강점은 경쟁이 치열하지 않은 지역의 매장 개점 능력과 고객 친화적인 메뉴에 있다. 그렇다면 기존의 점포 개점 후보지를 기준으로 시장 분석을 통하여 가능성이 있는 지역을 검토하여야 한다.

박영진은 이번에 지급되는 경영 지원금을 이용하여 신규 매장을 추진하는 것이 좋을 것 같다는 조언을 했다. 자체 직영 매장 1~2개를 1년 이상 운영한 기업을 대상으로 한 프랜차이즈 육성 지원사업도 있다.

"이사장님, 프랜차이즈 사업에서 가장 중요한 것은 제품과 경영입니다. 자체 매장 운영과 재료 관리를 비롯한 전체 시스템을 얼마나 효율적으로 구성하느냐가 가장 중요합니다. 각 매장을 책임지는 점장이나 점주의 역할이 아주 중요하죠."

"그럼, 저희가 준비해야 하는 게 뭐죠?"

"먼저 커피프랜즈의 메뉴를 새롭게 정리하십시오. 제 생각으로는 기존 제품을 만들 수 있는 업무 매뉴얼이나 표준 레시피를 준비하여야 합니다."

> 업무 매뉴얼이란 업무 방법이나 순서를 적은 것이다.
> 처음에는 꼼꼼하다고 할 만큼 세세한 매뉴얼을 만들어야 한다.
> 프랜차이즈를 하는 이유는 업무 시스템과 브랜드 이미지, 기존의
> 마케팅 노하우 등을 이용하기 위함인데 사장의 머릿속에만 있고
> 다른 사람이 이용할 수 없다면 의미가 없는 것이다.

필요한 업무 매뉴얼은 커피 로스팅법, 커피 추출법 및 조건, 고객 응대 방법, 사이드 메뉴 레시피 및 조리법, 보관 방법, 일일 결산 및 자금 관리 방법 등 업무 전체에 걸친 내용이 총망라된다.

박영진은 이경희에게 별도의 프랜차이즈 교육을 추천했다. 프랜차이즈 본사를 운영하기 위한 경영 기법을 표준화하기 위하여 필요한 것이었다. 데이비드 장이 온 것은 그때였다. 이경희가 박영진의 방문시간에 맞추어 데이비드 장을 불렀던 것이다. 박영진은 데이비드와 잠시 얘기를 나눈 후 프랜차이즈에 필요한 정보를 작성하도록 설명했다.

그것이 커피프랜즈와 데이비드 장이 함께 성장할 수 있는 길이었다.

고객과의 약속은 반드시 지켜야 한다.
무엇보다 중요한 것은 기본에 충실하여야 한다.

고진필이 회사로 들어온 것은 거의 퇴근시간이 다 될 무렵이었다. 이동호 회장 면담 후 D대학교 금속학과 교수를 만나고 오는 길이었다. 자신이 졸업한 대학에 얼마 전 동창이 교수로 취임했다는 소식을 들은 터라 인사라도 하고 오느라 회사에 늦게 들어왔다. 교수가 된 동창은 고진필에게 다시 공부할 것을 권했다. 기업의 성장은 제품이나 기술과 함께 가는 것이므로 다시 공부를 하는 것이 어떠냐는 조언을 했다.

고진필도 내심으로는 공부에 대한 필요성을 느꼈다. 작년에 있었던 CEO 경영 아카데미 이후에는 창업한다고 정신이 없었고 이제 자리를 잡아가자 경영자로서 알아야 하고 생각해야 할 일들이 너무도 많다는 것을 알게 되었다.

회사에 들어선 고사장은 사무실로 가지 않고 현장으로 향했다. 고객사로부터 주문량이 늘어난 후에는 기계가 멈추는 날이 없었다. 한편으로는 뿌듯하지만 항상 불안한 마음을 감출 수가 없었다.

생산이 진행되는 공장 안에는 공기 공급 장치에서 나오는 모터 소리가 힘차게 들렸다. 플라스틱 사출 성형기는 공기압이나 유압에 의해서 움직이는데 기계의 육중한 움직임만큼이나 기계 가동에 필요한 설비도 많다. 기존 설비와 함께 얼마 전 새로 들여온 설비에서는 연신 제품을 쏟아져 나오고 있었다. 한 번의 움직일 때마다 4개의 제품이 만들어지고 옆에 대기하고 있던 직원들이 제품의 성형 상태를 확인하고 잘못된 것은 별도의 통에 넣고, 제대로 된 것만 골라 포장용 박스에 담아 테이프로 밀봉한 다음 납품할 수 있는 형태로 준비한다.

문득 제품을 포장하는 직원을 쳐다보던 고사장이 화들짝 놀라 소리를 질렀다.

"야, 비닐 깔아야지, 비닐! 왜 비닐이 없어?"

"사장님, 무슨 말씀이신지? 요즘은 비닐 없이 납품하고 있는데요. 한 2주 정도 됐는데요."

"무슨 소리야? 이 제품은 이동 중에 제품과 제품이 부딪히면 안 된다고 했잖아. 비닐을 넣어야지. 대체 누가 그랬어? 누가 비닐 안 넣어도 된데?"

고진필이 버럭 소리를 질렀다. 현장에 있던 직원들이 난데없는 사장의 고함 소리에 긴장하는 빛이 역력했다.

포장을 하던 생산팀의 직원은 어찌할 줄 몰라 안절부절 했다. 그러는 사이 성형기에서는 계속해서 제품이 쏟아져 나오고 있었다. 옆에 서 있던 직원이 제품을 포장하지 않으면 계속해서 제품이 쌓여 이내 생산이 중단된다. 생산 중단 시간을 최소한으로 줄이는 것이 플라스틱 성형공장의 중요한 관리 포인트 중의 하나이다.

"며칠 전에 생산부장님께 포장 비닐이 떨어져서 얘기했는데 아직 들어오질 않아서요. 그날부터 그냥 포장해서 내보냈는데 아무 말도 없길래 그냥 하고 있는 겁니다."

말을 하던 직원은 완전히 울상이 되었다. 이제 입사한 지 한 달 정도인 그는 대학 휴학생으로 군대 가기 전까지 일을 하고 싶다고 해서 입사한 직원이었다. 그저 3~4개월 잠깐 일하다 갈 직장이니 되는 대로 일했던 것이다. 정말 자기 일이라면 담당자를 졸라서라도 포장용 비닐을 받아서 포장해야 했다.

고진필은 화가 머리끝까지 올랐다. 생산부를 책임지고 있는 정충환 부장이 고진필의 목소리를 들었는지 급히 현장 문을 열고 들어오는 것이 보였다.

"정부장, 일을 어떻게 하는 거야? 포장 사양 하나 제대로 못 해서 어쩌자는 거야?"

"죄송합니다. 사장님. 미처 챙기질 못해서요."

"이거 납품된 거는 어떻게 된 거요? 왜 비닐이 없이 납품되었는데 클레임이 없지?"

"아마 아직 사용 전일 겁니다. 그리고 나머지는 납품대기 상태입니다."

"빨리 확인해서 조치하세요."

화가 낫지만 급히 고객사에 납품한 제품의 현황부터 정리해야 한다고 생각했다. 고진필은 생산부장에게 재고로 보관 중인 박스는 모두 재포장하고 이미 납품된 제품들은 고객사로 가서 확인하라고 지시한 다음 사무실로 들어갔다.

구매를 책임지고 있는 김영국 부장은 고진필이 사무실로 들어서자 벌떡 일어났다.

"김부장, 밖에서 저 난리가 났는데 가만히 앉아 있냐? 빨리 확인해야 되는 거 아냐?"

"죄송합니다. 사장님. 오늘 대금 결재 받는 날이라 자금 확인하고 있습니다. 자재 구매 요청은 받았는데 미처 처리하지 못했습니다."

김영국 부장은 머리를 숙이며 미안한 표정을 지었다. 고진필은 김영국 부장을 마주 보다가 탁자를 가리켰다.

"앉아 봐."

김영국이 느린 걸음으로 다가와 회의용 테이블에 앉았다. 겨우 엉덩이를 내려놓은 김영국은 자책하는지 뒷머리를 긁적였다. 흰 머리카락 몇 개가 불빛에 반짝거렸다.

"김부장, 흰머리 많이 늘었다."

"예?"

"흰 머리카락 많이 늘었다고! 거울 한 번씩 안 보냐?"

"허허허."

김영국은 고진필의 말에 그냥 웃었다.

자재 수급을 못해서 엄청난 꾸지람을 들을 줄 알았다. 사무실로 들어선 고진필의 표정으로는 예전 회사에서 하듯이 상스러운 욕 한마디를 시작으로 득달같이 볶아댈 것이라고 생각했던 것이다. 그런데 흰 머리카락이라니?

"참 일하기 어렵다. 요즘 자꾸 그 생각이 난다. 옛날 이동호 회장님이 말씀하시던 내 회사라고 생각하고 일하라던 말. 기억하나?"

"기억하죠, 당연히. 사실은 저도 그 생각이 납니다. 사장님하고 둘이 창업하겠다고 시작할 때만 해도 정확하게 내 회사라는 의미를 잘 몰랐습니다. 그런데 요즘은 그 말이 진짜 가슴에 맺히네요."

고진필이 변하긴 변했다. 앞뒤 없이 다그치던 그가 한 템포 쉬고 있다.

창업 후 1년이 지나면서 고진필은 예전에 알지 못했던 조직의 시스템을 알아가는 중이었다. 예전에는 자신의 일만 하면 끝이었다. 다른 부서와의 업무 처리는 항상 여유를 가지고 진행했다. 그러나 전체 시스템을 운영하려니 여유가 없었다. 모든 일들이 톱니바퀴처럼 돌아가지 않으면 효율성이 떨어진다. 그 말은 곧 이익이 줄어든다는 말이다.

김영국의 입장도 충분히 이해할 수 있었다. 매출이 점점 늘어나는 상황에서 자금 관련 업무도 많이 늘어난 상태였다. 그런데 관리부에는 여직원 한 명과 김영국이 모든 일을 처리하고 있었다. 업무량이 절대적으로 많아진 상태다. 개인별로 적정한 업무 분담이 필요한 시점이다.

"요즘 일이 많지?"

"점점 많아지는 거죠. 일이 많아지는 것은 행복한 거 아닙니까? 처음에 둘이서 사무실에 책상 들고 오던 날 생각나십니까?"

"허허."

고진필도 그 날이 생각나는지 입가에 미소를 지으며 웃었다.

"그 날에 비하면 오늘은 행복한 거죠. 만약 일이 잘못됐다면 지금쯤 어떻게 되었을까를 생각하면 섬뜩합니다."

"하긴 그 말은 자네 말이 맞지. 차라리 바빠서 힘든 편이 낫지."

고진필이 테이블에 양 손바닥을 탁 올려놓으며 일어섰다.

"빨리 문제부터 처리하자구. 인원 충원도 한 번 검토해 보자. 앞으로 생산량이 더 늘어나면 인원이 계속 필요할 텐데. 일찍 뽑아서 교육이라도 시켜야겠어. 그래야 오늘처럼 이런 일 안 생기지."

"예, 알겠습니다. 자금 처리한 후에 필요한 인원 검토해 보겠습니다."

22 새로운 제품을 만드는 좋은 아이디어 어디 없나?

재고가 쌓이거나 매출 성장이 둔화되면 CEO는 걱정이 앞선다. 어떻게 하나? 그러다가 또 매출이 오르기 시작하면 그 때의 걱정은 사라지고 바빠서 정신이 없어진다. 이런 현상이 계속 반복된다.

CEO는 이런 반복적인 걱정과 바쁨 사이에서 어느새 매너리즘이 빠지고 만다.

"우리는 항상 그랬지."

이런 생각은 기업이 성장하는 데 아주 위험하다.

> CEO는 항상 새로운 것을 찾아야 한다. 기업의 주요 관리 포인트인 재무, 인사, 제품, 마케팅에 대한 신선한 아이디어가 기업을 이끌어가는 힘이 된다. 아이디어는 혁신적이고 창의적이어야 한다. 지금 존재하는 것과 다른 무엇, 또는 지금 존재하는 것들의 융합이야말로 지금 할 수 있는 아이디어 창출 방법이다.

아이디어가 뭐 그리 대단한 것은 아니지만 그렇다고 그리 만만한 것도 아니다.

혁신적인 아이디어를 찾아내기 위하여 무엇을 해야 할까?

CEO의 생각을 바꾸기 위해서는 공부하고 찾아보고 또 다시 생각해야 한다. CEO들의 공부에 대한 열정은 정말 대단하다. CEO들을 대상으로 설문조사한 결과를 보면 매월 3~4권 이상의 책을 읽는 CEO가 전체의 40% 이상이라고 한다. 독서는 생각의 변화를 도와주는 아주 유용한 방법이다. 그 외에 전시회, 세미나 등에 참석하여 지속적으로 지식과 트렌드를 학습할 필요가 있다.

여기서 중요한 것 한 가지는 항상 같은 분야에만 관심을 보여서는 안 된다는 사실이다. 플라스틱 제품을 생산하는 CEO가 작년에도 올해도 내년에도 플라스틱 제품 전시회만 참석한다면 배울 것이 없다. 자신이 종사하는 분야와 다른 분야에 견문을 넓힐 필요가 있다.

의료기기 전시회에 가보라. 플라스틱을 이용한 부품이 얼마나 많은가? 건축자재 박람회에 가보자. 플라스틱이나 강화재료를 이용한 제품이 얼마나 많은가 말이다. 식품 박람회에 가면 플라스틱과 결합된 소재를 이용한 식품 포장재가 홍수처럼 쏟아져 나오고 있다. 머뭇거리는 사이에 생각을 넓혀가는 많은 기업들이 있다는 사실을 잊어서는 안 된다.

외식업을 하는 CEO도 계속해서 새로운 메뉴를 개발해야 한다. 단품이나 조립품을 생산하는 기업은 경쟁력이 있는 가격 확보를 위해서 공정의 혁신과 제품의 혁신이 해야할 일이고, 모든 CEO는 제품이나 서비스가 경쟁자보다 특별하도록 만들어야 한다. 경쟁적 차별우위가 시장에서 이기는 것이다.

하늘에서 천둥이 치듯 세상을 뒤흔들 아이디어를 얻기 위해서 무엇이라도 하자. 배낭 하나 메고 여행을 떠나는 것도 좋고, 홍콩의 쇼핑몰에서 고객들은 무엇을 사 가는지 분석하는 것도 좋다. 그것도 싫으면 산속에서 명상을 통해서 생각들을 정리하는 것도 좋다.

생각의 확장은 바로 기업의 확장이며 CEO의 성장이다.

23 사장도 공부해야 합니까?

최근 모 기업에는 독서 경영이 한창이라고 한다. 이 회사의 직원들은 한 달에 한 권씩의 책을 읽고 독후감을 써서 사내 인트라넷 게시판에 올려야 한다. 이 회사의 구매부장은 이런 불평을 한다.

"아니, 이렇게 일방적으로 하라고 하면 어떡해? 사장님 너무 하시는 거 아냐?"

그 회사의 CEO는 최근 독서 열풍을 몰고 온 책을 읽고 독서 경영을 결심하게 되었다고 했다. 그런데 신기한 것은 삼 개월쯤 후에 다시 회사에 방문했을 때는 아무도 불평하는 사람이 없었다. 이유는 책을 읽어보니 그리 나쁘지 않았기 때문이다.

당연하다. 독서가 나쁠 이유가 없지 않은가. 독서 경영은 지금도 계속되고 있다. 이제는 회사 내 독서회는 물론이고 집중 연구회도 생겼다고 한다. 한 분야의 책을 정해서 몇 개월 동안 읽으면서 토론하고 사례를 연구하는 모임이 자발적으로 생긴 것이다. CEO는 이런 모임에 회식비를 지원하는 배포를 보여 주었다.

이러한 선순환이 시작되면 머지않아 이 회사의 생산성은 틀림없이 향상될 것이다. 직원들의 업무 능력 향상이 곧 기업의 생산성 향상과 성장에 비례하기 때문이다.

기업에서 일하는 직원들의 공부에 대한 필요성은 강조되어야 한다. 그러나 사내 교육이나 외부 교육만으로 문제가 해결될 수는 없다. 한 회사의 부장과 저녁자리에서 나온 이야기다.

"우리 집에는 애들이 공부는 하지 않고 허구한 날 게임만 해요. 큰일이에요."

"그럼, 부장님이 저녁에 퇴근하셔서 같이 공부도 가르쳐 주시고 분위기를 바꾸시면 되겠네요."

"아이고, 안 돼요. 이 나이에 무슨 공부에요."

참 안타까운 일이다. 우리나라 교육 시스템에서 공부는 학생들이 하는 것이라는 사고가 너무 깊게 뿌리내려 있다. 그 다음에 하는 말씀은 더욱 가관이다.

"오늘 저녁에 유럽 프리미어 리그 축구하는데 그거 봐야죠."

> 부장님은 저녁에 집에 가서 TV로 축구 중계 보면서
> 자녀에게는 방에서 공부하라고 그게 공부가 될까요?
> 자녀의 눈은 책을 보는지 몰라도
> 축구 중계 아나운서의 목소리에 더 집중되어 있지 않을까요?

마찬가지로 직원을 외부 교육에 보내기만 하면 그만이라는 생각은 버려야 한다. 요즘은 강의시간에 스마트폰으로 문자보내기, 인터넷하기, TV 보기 등 아주 다양한 일들을 할 수 있어 강의에 집중하는 인원이 매우 적다. 정보가 너무 많은 것도 정보의 중요성을 잊어버리는 원인이 되는 것 같아 씁쓸할 따름이다.

 모 회사의 창의성 개발 교육에서 참가자 전원의 스마트폰을 강의시간 중에는 사용할 수 없도록 강제로 회수한다. 오로지 예전에 가지고 놀던 블록이나 모래, 종이, 색종이, 철사 등의 아날로그 재료만을 이용해서 무언가를 만들고 발표한다. 3일 동안 진행하는 이 프로그램의 결과는 기대 이상이다. 처음에는 힘들어 하던 참가자들도 한 나절만 지나면 상상의 나래를 펼치는 것을 볼 수 있다.

24 제품 개발을 위한 인프라를 구축하는 방법은 무엇인가?

한 기업의 기술연구소에 가면 복도의 유리 진열장 속에 연구소에서 개발한 제품들이 줄지어 진열되어 있다. 너무도 엄청난 양에 입이 딱 벌어졌다. 하나씩 살펴보던 사람들은 또 한 번 놀라게 된다.

['199×. 6. 10.' 선임연구원 □□□. A제품 개발 실패품 #15]

알고 보니 그것들은 연구소의 연구원들이 개발에 실패한 제품들이었다. 온전한 제품인 것도 있고 때로는 한쪽이 떨어지고 없는 것들도 진열장 안에 진열되어 있었던 것이다.

실패 없는 성공은 없다. 그런데 기업에서는 실패를 절대로 용인해주지 않는다. 마음으로는 실패가 있어야 성공할 수 있다고 말하지만 실제로 실패는 용서하지 않는다. 실패가 인정되지 않는 기업 문화 속에서 직원들은 시도조차 하지 않는다. 결국 아무 것도 하지 않고 있는 그대로 유지하는 것이 가장 미덕이 되는 사회가 되는 것이다.

'실패 없는 성공은 없다.'

> 유명한 소설가의 인터뷰를 읽은 기억이 난다.
> 기자가 소설가에게 물었다.
> "인기 작품의 비결이 무엇인가요?"
> "제 작품의 비결은 그동안 수없이 발표했지만 사람들이
> 읽어주지 않았던 작품들 때문입니다.
> 그 때 작품들을 발표하고 실패했기 때문에 노력하고 공부했습니다."

책에나 있는 말이 되어 버린다. 실패 속에서 성공의 유전자를 찾아야 한다. 모 기업의 지식경영 시스템의 성과지표KPI 중에 하나는 성공 건수가 아니라 시도 건수이다. 실패든 성공이든 얼마나 많이 도전했느냐가 업무 평가의 기준이 된다. 이 회사의 모든 직원들은 실패해도 상관없으니 할 수 있는 모든 것을 시도한다. 그런데 중요한 것은 처음 시행할 때는 성공 사례보다는 실패 사례가 비교가 안 될 정도로 많았지만 시간이 흐를수록 점점 성공 사례가 늘어난다고 한다. 실패의 원인들을 찾으면 그 다음부터는 성공 가능성이 톺아지기 때문이다.

회사 내 인트라넷에는 실패사례를 보관하는 별도의 데이터베이스가 있다. 직원들은 이런 실패 사례들 중에서 전혀 새로운 제품을 만들어 내기도 한다. 한 사람이 몰라서 실패했던 일을 다른 사람은 성공해 낼 수 있기 때문이다.

실패와 성공을 공유하는 지식경영 시스템은 점차 영역을 확대해 갈 것이다. 앞으로 신제품 아이디어와 상품 개발은 한 가지 분야에만 국한 되

어서는 안된다. 관련되는 다양한 분야의 기술이 모여서 전혀 다른 제품이 나올 것이기 때문이다. 기술 영역 사이의 경계가 모호해지는 최근의 추세를 보면 앞으로의 신제품은 융합이 아니면 안 될 것이다.

제품을 개발하는 모든 CEO는 선택해야 한다.

'가장 좋거나, 가장 새롭거나.'

이것이 과녁을 향해 활을 조준하는 개발자가 선택해야 할 생각의 화살이다.

25 쉽게 활용할 수 있는 개선 방법은 무엇인가?

제품을 가치를 높이는 방법에는 어떤 것들이 있는지 알아보자.

최근 기업에서 많이 사용하고 있는 대표적인 개선의 도구들은 VE기법, 전사적 원가절감 개선기법, IE기법, BI 및 CI, 디자인 개선 등이 있다.

이 중 몇 가지를 살펴보면, 제조업에서 많이 사용되는 방법 중에는 VE라는 방법이 있다. V.E란 가치 공학(Value Engineering)의 머리글자다. 최저 원가로 최대의 가치를 얻는 방법을 연구하는 것으로 궁극적으로는 제품이나 서비스의 가치를 높이고 원가는 줄이는 기법이다.

고객의 입장에서도 가치를 느낄 수 있을지 생각하여야 한다. 고객이 느끼는 가격 대비 성능의 정도를 의미하는 가치는 고객의 입장에 서지 않으면 이해할 수 없다.

최근에는 성능 외에 디자인도 제품의 가치를 높이는 중요한 항목이 되고 있다. 제품 본연의 성능은 그대로 유지하면서 심미적으로나 감각적으로 우위에 있는 제품이 고객에게 선택을 받는 것이다. 포장이나 장식에 이르기까지 제품을 구성하는 모든 부분의 디자인 또한 중요한 가치의 대상이 된다.

똑같은 사람이라도 어떤 옷을 입느냐에 따라 달라진다. 제품도 마찬가지다. 어떤 포장을 하느냐에 따라 제품의 가치가 달라지는 것이다. 간혹 제품 가격보다 비싼 포장을 보면 황당하기도 하지만 그래도 포장 디자인의 중요성은 인식하고 있어야 한다.

BI Brand Identity 및 CI Company Identity는 이미 많이 보편화되어 있는 방법으로 기업이나 제품의 브랜드를 통합하여 고객에게 이미지화 하여 고객에게 확실한 포지셔닝을 하기 위한 방법들이다.

이런 방법 중에서 어떤 것들을 사용할 것인가는 충분한 검토와 전문가의 의견을 종합하여 사용할 필요가 있다. 경쟁회사가 사용하고 있으니 우리도 사용한다는 식의 무분별한 사용은 비용만 가중시킬 뿐 실제 성과를 얻지 못할 수도 있다.

앞서 언급한 개선 도구들은 전문가와의 상담을 통하여 우리 회사에 가장 적절한 기법을 검토한 다음 단계적으로 시행하여야 한다.

전 직원들이 참석하는 교육 프로그램이나 공동의 성과를 위한 워크샵 활동, 연구소 및 연구 기능을 수행하는 인력들의 집중 교육 등을 실행한다면 소기의 성과를 거둘 수 있을 것이다.

> **단번에 엄청난 성과를 기대하기 보다는 개선 방법들이 기업에 확산되고 한두 가지의 성과를 도출하게 된다면 점차 향상된 성과를 얻을 수 있을 것이다.**

획기적인 혁신이 옳은가? 점진적인 개선이 옳은가? 이 질문에 대한 답을 칼로 두부 자르듯이 할 수 없다.

개선의 도구를 이용한 제품이나 서비스의 개선은 어느 순간 전혀 다른 모습으로 여러분의 회사를 바꾸고 직원들의 성장을 이끌어 낼 것이다.

초보 사장의 경영이야기   경영의 미래를 말한다

'일관성'은 기업에서 매우 중요하다. 토스트 전문점에서 재료값이 오르면 어떻게 하는 것이 가장 좋은 방법일까? 제품 가격을 올리는 것 또는 재료의 등급을 낮춰서 판매가격을 유지하는 것이 좋을까?

STT 토스트의 매장 문이 열리기 전인데도 매장 앞에는 몇몇 사람이 기다리고 서 있었다. 아침 일찍 출근하면서 토스트를 포장하기 위해 기다리는 고객들이었다. 윤성국은 마음이 급해졌다. 그의 가게에는 언제부터인가 아침을 해결하기 위한 고객들이 생겨났다.

하루하루가 전쟁처럼 지나간다고 해야 옳은 표현일 것이다. 윤성국은 아직까지도 새벽마다 청과물 시장에 들른다. 그날 사용할 재료들을 그날 직접 사오기 위함이다.

그런데 한 달 전부터 문제가 생기기 시작했다. 손님이 늘어나면서 오후 시간이 되면 재료가 떨어지는 일이 잦아진 것이다. 거의 이틀에 하루 꼴로 늦은 오후 시간이면 재료가 떨어져 영업을 할 수 없는 처지가 되었다. 분명히 재료 구매량을 늘렸는 데도 불구하고 늦은 오후에는 여지없이 재료가 떨어졌다.

거기다가 엎친 데 덮친 격으로 채소 값이 계속 오르는 바람에 재료비 부담이 만만치 않은 상태였다. 판매하는 토스트와 메뉴의 가격은 올리지 못하고 있는데 사용하는 양배추, 당근, 양파, 양상추 등의 채소 값은 거의 50% 이상 폭등했다. 올 봄 강수량이 너무 적어서 작황이 좋지 않다는 뉴스가 연일 계속 나오고 있다.

"큰일입니다. 채소 값이 너무 비싸서 원가 부담이 큰데요."

윤성국이 매장에 들어서자 매장 운영을 책임지고 있는 매니저인 김은철이 걱정스러운 얼굴로 말했다. 김은철은 최근에 프랜차이즈 사업을 준비하면서 채용한 경력직 직원이다. 직영 매장을 오픈할 계획으로 채용한 김은철은 대기업 홍보실에서 근무하다가 일이 적성에 맞지 않아 일찌감치 진로를 바꿨다고 했다.

"글쎄 말이야, 그렇다고 토스트에 채소를 안 넣을 수도 없고. 난감하네."

매장에서 오전 영업을 준비하던 윤성국이 그 말을 받았다. 주방에 채소를 내려놓은 그도 일손을 도와야 했다. 아침에는 두 사람 외에도 홀 서빙과 테이크아웃 포장을 돕는 아르바이트 직원이 한 명 더 있다. 오전부터 세 사람이 하기에 벅찰 정도로 손님이 많았다.

정작 요즘 같은 시기에는 손님이 많이 오는 것도 그리 반가운 일이 아니다. 손님이 갑자기 늘어나면 재료를 늘려야 하고 오후에는 채소가 시들어서 버리는 경우도 생기기 때문이다. 재료의 소요량을 예측하는 것도 어려운 일이다.

회사로 향하던 길에 들러서 아침을 해결하는 사람도 있고 점심에 먹을거리를 미리 준비해 가는 사람들이 대부분이었다.

손님이 들어오는 매장 문을 바라보던 윤성국은 가슴에서 타오르는 열정을 다시 느꼈다. 일 년 전을 생각하면 지금의 이 자리는 정말 호사가 아닌가. 자그마한 트럭을 개조해서 도로 위에서 토스트를 판매하던 그 때를 생각하면 지금의 현실에 감사할 따름이다.

어느 정도 손님이 빠져나가고 간단히 아침 식사을 마쳤다. 한숨 돌리는 사이에 김은철이 다가왔다.

"사장님, 식자재 납품하는 업체에서 재료를 몇 가지 받을까요? 요즘처럼 바쁜 시간에 사장님이 직접 시장 다녀오시고 재료 다듬느라 시간 걸리고 하면 손님들이 다른 매장으로 가거든요."

"그렇긴 하지. 아침에 재료 준비하느라 시간이 걸려서 늦어지기는 하지. 그래도 식자재 납품하는 사람들이 제대로 준비해 줄까?"

"아침에 근처에 채소며 고기를 납품하는 차들이 몇 대나 왔다 갔다 하더라구요."

김은철의 말을 들으며 그것도 괜찮을 것 같다는 생각을 했다. 아침시간도 아끼고 구매량도 조금씩 조절할 수 있을 거라는 생각이 들었다.

손님이 뜸해지는 아침이라 느긋하게 커피라도 하려고 정수기에서 온수를 받아 커피를 타려는 찰나에 가게 문이 열리더니 반가운 얼굴이 나타났다.

"윤사장님, 저희 가게 커피 가지고 올 걸 그랬네요. 잘 지내셨습니까?"

싱글벙글 웃고 있는 사람은 커피프랜즈의 황보승훈과 이경희였다. 지난번 일주년 모임에서 만나고 벌써 한 달이 지났다. 언제 봐도 반가운 사람이다.

"야아, 황보사장님과 이사장님. 여기까지 어쩐 일이세요? 이 아침에. 갑자기 무슨 바람이 불어서?"

윤성국은 반가운 마음에 벌떡 일어나 황보승훈의 손을 맞잡았다.

황보승훈과 이경희는 프랜차이즈 사업을 위하여 신규 매장을 찾고 있는 중이라고 했다. 매장 투어는 일 년 전에 둘러본 터라 상권이 얼마나 변했는가를 파악하기 위해서 나온 길이었다. 황보승훈은 회사에 휴가를 내고 이경희와 함께 새로 형성되는 주거지역을 중심으로 둘러보는 중이라고 했다.

"잘 생각했네. 커피 쪽도 우리만큼이나 경쟁이 심해서 시장 판도가 수시로 바뀌죠. 좋은 점포는 찾았어요?"

"아직입니다. 이제 이틀짼데요. 한 달 정도는 이리 저리 돌아보고 결정해야죠. 윤사장님은 어떠세요? 지난 번 일주년 모임 때 프랜차이즈 사업 투자 받기로 하셨다고 들었는데?"

"생각보다 힘들어요. 투자하는 쪽하고 나하고 지분이니 경영이니 하는 문제들이 생기니까. 쉽게 결론이 안나요."

윤성국은 투자 유치를 포기하고 지난 번에 만났던 박영진의 조언대로 소규모 창업자들을 위한 프랜차이즈 사업을 준비하는 중이었다. 자신이 했던 것처럼 소형 트럭을 개조한 토스트 푸드트럭을 통해서 창업자들을 도울 준비를 하고 있었다. 토스트 재료 조달과 조리방법이 정리되면 곧바로 시작할 생각이었다.

"그렇게 하실 수도 있겠군요. 역시 생각을 조금 바꾸면 풀리지 않는 게 없네요."

이경희가 길거리 창업을 프랜차이즈화 한다는 말에 신기한 듯 고개를 끄덕여 보였다.

회사는 불량품도 만들고 문제도 만든다. CEO는 문제를 해결하면서 성숙해진다.

"웅...웅."

고진필의 휴대폰에서 진동음이 연신 울리고 있었다. 고진필은 주머니 속에 들어있던 휴대폰을 꺼냈다. 화면에 회사 전화번호가 나왔다. 일요일 아침에 갑작스런 전화에 깜짝 놀랐다. 이 시간에 회사에서 전화할 사람은 김영국 부장밖에 없다.

"어, 김부장. 무슨 일이야? 지금 시간에?"

"아무래도 사장님께서 아셔야 할 것 같아서요. 얼마 전에 O사에서 OEM 했던 CM 제품 기억나시죠?"

"응. 풍창에서 넘어온 아이템 말이지?"

"예, 그게 지금 미래산업에 들어가서 불량이 터졌답니다. 일요일 아침 특근자들이 작업하다가 발견했는데 로트 전체가 불량이라서 전량 폐기해야 한답니다."

"뭐야? 전량 폐기?"

고진필은 눈앞이 캄캄했다.

한 로트는 이번에 생산된 전체 단위를 말한다. 그러면 도대체 몇 개인가. 금액으로 따져도 대략 2,000만 원 이상이나 되는 물량이었다. 전량 폐기라면 그것은 다시 작업하는 비용까지 감안할 때 손해 금액이 거의 3,500만 원 정도가 된다. 지금 3,000만 원의 이익을 내려면 그 열배인 3억 원도 넘는 매출을 올려야 한다. ㈜피에프티의 한 달 매출과 맞먹는 돈이다. 한 번의 불량으로 한 달의 노력이 모두 날아가 버린 셈이다.

고진필은 부인에게 사정을 설명하고 ㈜미래산업으로 달려갔다. 개발팀의 이호영 과장이 이미 도착해서 납품했던 물품을 살피고 있었다. 그런데 일이 안 풀리려니 제품의 검사 결과를 승인하는 권한을 가진 품질관리 팀장도 오늘 휴무라고 했다. 처음 보는 젊은 검사원은 자신의 검사 결과가 분명히 불합격이니 전량 반품 조치를 하라고 말했고 ㈜피에프티의 이호영 과장은 일단 몇 개만 가지고 가서 정밀검사를 해보고 처리하자고 실랑이를 벌이고 있었다.

고진필은 이호영 과장에게 일단 회사로 돌아가라고 지시한 다음 품질관리 팀장에게 전화를 걸어 자초지종을 설명했다. 검사 결과에 착오가 있을 수도 있으니 재검사를 요청한다는 내용이었다. 재검사하는 것이야 문제가 없을 것 아닌가 말이다. 불량인 제품을 그냥 납품하겠다는 것이 아니라 검사를 꼼꼼하게 하자는 말이니 ㈜미래산업의 품질관리팀에서도 동의했다.

납품한 제품을 다시 회사로 가져와서 전체 제품에 대한 전수 검사가 시작되었다. 불량이 발생한 부분은 제품의 전체 길이와 조립 나사를 끼우는 구멍의 크기였다. 전 직원이 제품의 재검사에 투입되었다. 재검사가 진행되면서 알게 된 것은 ㈜미래산업에서 만났던 젊은 검사직원의 말은 실수나 거짓이 아니었다는 사실이다. 재검사 결과 최종적으로 확인된 불량률은 5%였다.

납품된 전체 수량 중에서 불량으로 선별된 것이 5%나 된다는 것이다. 자동차 회사에서 사용하는 불량 단위인 PPM(백만분의 일 단위로 불량을 관리하는 단위) 기준으로 보면 50,000PPM이다. 이런 불량은 말도 안 되는 수준이다.

OEM으로 생산을 진행했던 O사의 이성환 사장은 최종 선별이 끝난 후 사무실 회의탁자에 앉아 머리를 숙이고 있었다.

"입이 열 개라도 할 말이 없습니다. 고사장님께서 좋은 납품할 기회를 주셨는데 제가 처음부터 불량을 만들어서 죄송합니다."

"그래도 95%는 쓸 수 있어서 다행입니다. 100% 다 불량이었으면, 이사장님이나 저나 문 닫아야 할 판이었잖습니까?"

"죄송합니다."

"일단 나중에 죄송합시다. 당장 납품 하지 않으면 자동차 생산에도 영향을 미쳐요. 선별된 제품부터 재검사해서 납품하고 빨리 추가 생산해야 합니다."

"추가 생산이라 하시면? 저희가 계속 생산을 하는 겁니까?"

"그럼 누가 합니까? 금형이고 설비고 모두 이사장님이 가지고 있는데."

고진필은 O사의 이성환 사장에게 생산하라는 말을 남기고 제품을 실은 트럭에 올랐다. 다시 납품을 해야 했다. 벌써 저녁 7시를 지난 시간이었다. 김영국 부장이 달려와 고진필을 말렸다.

"사장님께서 직접 가실 것까지야 있습니까? 저녁 먹고 직원 보내면 됩니다. 일단 식사부터 하시죠."

"김부장, 먼저 저녁 먹어라. 내 생각에는 제품이 먼저다. 고객의 실망이 얼마나 클지 생각해 봐. 예전에 내가 품질관리팀장 할 때 생각이 난다. 나도 같은 일을 많이 시켰잖아. 그런데 어찌해서든 자기 제품을 제대로 만들어 가지고 오는 사람이 제일 좋더라. 자기 할 일 다 하고 천천히 다음날 제품 들고 오는 사람에게서 별로 신뢰를 느낄 수 없더라 이 말이야."

"……."

"일단 빨리 처리해 놓고 생각하자. 저 제품이 우리 회사의 얼굴이고 내 얼굴이다."

고진필은 납품용 트럭의 시동을 걸면서 유리창 밖으로 손을 흔들었다.

고객이 선택하는 제품이 최고의 제품이다. 최고의 제품을 만드는 것은 열정을 가진 전문가에게서 시작된다.

데이비드 장이 오븐에서 꺼낸 쿠키를 들고 나타났다. 커피프랜즈의 비즈니스 룸에는 황보승훈과 이경희, 아르바이트하는 유미나가 기다리고 있었다. 오늘은 커피프랜즈 2호점 창업을 진행 중인 데이비드 장이 만든 사이드 메뉴인 쿠키를 테스트 하는 날이다.

커피프랜즈의 쿠키는 이경희가 직접 만들었기 때문에 이에 대한 기술을 전수해야 한다. 이경희는 쿠키의 레시피와 조리방법을 데이비드 장에게 알려주고 독립했을 경우 직접 만들도록 교육했다.

쿠키는 일반적인 재료인 밀가루와 베이킹파우더 외에 몇 가지 재료를 더 배합해서 만든다. 물론 여기에 들어가는 원료는 영업 비밀이다. 또한 오븐의 온도와 조리시간 관리까지도 매우 중요하다.

"음, 나쁘지 않은데?"

쿠키를 한 입 베어 물고 맛을 음미하던 황보승훈이 고개를 끄덕이며 이경희에게 동의를 구했다. 이경희가 그리 나쁘지는 않은지 가볍게 고개를 끄덕여 동의했다.

그제서야 데이비드 장의 얼굴에 미소가 보였다. 커피를 추출하는 일이야 눈감고도 할 수 있지만 쿠키를 만드는 일은 만만치 않았다. 특히 쿠키의 모양이 생각처럼 예쁘게 나오지 않을 때는 뭉쳐진 밀가루 반죽이 야속하기도 했다. 그까짓 쿠키쯤이야 하고 덤비던 그에게 이경희 사장이 했던 말이 생각났다.

"다른 사람이 하는 일이라 쉬워 보이죠. 한 번 해봐요. 그래야 알지."

역시 해보니 달랐다.

일주일 전에 이경희로부터 조립법과 레시피를 받은 다음 혼자서 수십 번 쿠키를 만들었다. 그렇지만 커피프랜즈에서 먹었던 쿠키와 뭔지 모를 차이가 있었다.

"데이비드, 오븐에 온도 확인했어요?"

"예, 확인했죠. 그런데 왜요?"

"굽는 시간이 조금 짧았던 것 같은데. 혹시 오븐 워밍업도 확인도 했나요?"

"아……."

데이비드는 그제야 자신이 무엇을 빠뜨렸는지 알아챘다. 오븐의 온도를 정해진 온도로 워밍업한 다음 쿠키를 넣어야 하는데 오븐의 스위치만 올리고 조리를 했던 것이다.

"워밍업이 별거 아닌 것 같지만 중요해요. 특히 계속해서 쿠키를 만들 때는 문제가 안 되지만 처음에 만들어 내는 쿠키는 온도의 차이때문에 맛이 전혀 달라집니다."

"알겠습니다. 꼭 확인하겠습니다. 사장님."

"우리는 같은 커피프랜즈라는 이름으로 커피를 팔고 쿠키를 구울 거예요. 메뉴 하나도 커피프랜즈의 고객들이 기억할 수 있도록 만들어야 합니다. 그래야 어느 매장에 가서도 우리만의 독특한 메뉴를 제공할 수 있습니다."

"그래도 짧은 시간에 그 정도하는 걸 보면 데이비드가 확실히 음식에는 감각이 있긴 있나봐. 나는 아무리 옆에서 봐도 안 되던데."

딱딱한 분위기를 풀면서 옆에 있던 황보승훈이 데이비드를 한껏 치켜 올려 주었다. 머리를 긁적이던 데이비드가 활짝 웃었다.

"이건 당신도 할 수 있어. 누구라도 조리법만 보면 할 수 있어야 제대로 된 매뉴얼이지. 데이비드는 하고 당신은 못하면, 그건 틀린 거지."

이경희가 하지 못한 말을 더하고 싶은지 황보승훈을 보면서 말을 이었다.

"알겠습니다. 사장님."

황보승훈이 이경희의 등을 두드리며 장난스럽게 대꾸를 했다.

"그럼 어제 확인한 신규 매장 위치에 대해서 한 번 얘기해 보자구."

황보승훈은 비즈니스 룸에 설치된 스크린에 인터넷 지도를 보이도록 한 다음 한 곳 향해 빨간색 레이저 포인트로 가리켰다.

"저기가 바로 우리의 커피프랜즈 2호점이 개점할 장소입니다."

빨간색 레이저 포인트가 가늘게 흔들렸지만 그것을 바라보는 눈들은 강렬한 열기를 쏘아냈다. 누구도 따라오지 못할 열정이 다시 불타고 있었다.

다시 시작하는 용기가 있는 사람이 필요하다

원종일을 만난 것은 참으로 뜻밖이었다.

6월 초순인데도 햇살이 뜨거워 그늘을 찾는 사람들이 많았다. 매장이 조금 한가한 시간이라 STT 토스트의 매니저인 김은철은 카운터에 앉아 점심 매출을 정리하는 중이었다.

그러다가 가게 앞을 보니 남루한 옷차림의 남자가 그늘을 찾아 왔는지 가게 앞 처마 밑에 서 있었다. 그 사람 때문에 STT 토스트의 상호가 가려져 버려던 것이다. 며칠 전 푸드트럭 가맹점 모집 광고를 낸 터라 문의 전화도 오고 찾아오는 사람도 있어서 빨리 비켜달라고 말해야겠다고 생각했다.

김은철은 가게 문을 열고 밖으로 나갔다.

"아저씨, 여기 서 계시면 안 됩니다. 저희 가게를 다 가리고 계셔서 손님들이 들어오는 데 방해가 돼요. 조금 비켜 주시면 감사하겠습니다. 죄송합니다."

"아, 그랬나요. 죄송합니다."

50대가 넘어 보이는 외모에 두꺼운 안경을 밀어 올리며 땀을 뻘뻘 흘리는 그 남자가 너무 측은해 보였다. 눈가에 주름사이로 먼지가 땀을 타고 흘러내렸다.

"사장님이 윤성국 사장님이 맞으시죠?"
"예, 그렇습니다만?"
"저기 그 가맹점 모집 광고보고 왔어요. 혹시 나도 할 수 있을까 해서?"
가맹점 모집 광고를 보고 온 모양이었다. 행색을 봐서는 가맹비도 없어 보였다. 저런 사람을 받아봐야 도움이 안될 것이란 생각이 들었지만 김은철은 모질게 보내지 않고 매장 안으로 인도했다.
모든 사람이 고객이라는 말을 윤성국으로부터 귀가 닳도록 들었다. 가게를 찾는 단 한 사람도 허투루 하면 안 된다는 것이 윤성국의 경영 방침이었다.
김은철은 매장 안내 책자와 팸플릿을 준비하여 그가 앉은 테이블 위에 놓고 가맹 조건과 방법 등을 설명했다. 한참을 듣고 있던 그가 고개를 끄덕였다.
"저기 사장님을 뵈면 좋겠는데 언제쯤 오시나요?"
"사장님께서는 오후 5시쯤 오실 겁니다. 다른 업무가 있으셔서 출타중입니다. 제게 말씀하셔도 됩니다."
"사장님 오시면 뵙고 말씀을 듣고 싶습니다."
김은철은 기분이 나빴지만 참기로 했다. 저녁 장사를 위해 윤성국 사장이 돌아오기로 한 다섯 시까지는 1시간도 넘게 남아 있었다. 남루한 옷의 남자는 그래도 기다리겠다고 했다. 마음 같아서는 저런 손님이 매장에 있으면 안 되니 빨리 내보내고 싶었지만 그랬다가 윤성국이 알면 호통칠 게 뻔했다.
다섯 시가 넘어서 매장으로 들어선 윤성국에게 김은철이 재빨리 눈짓을 했다. 귀퉁이 테이블에 앉아 있던 남루한 옷차림의 남자를 바라본 윤성국이 깜짝 놀라며 달려들었다.

윤성국은 두 팔을 벌려 그를 안았다.

"원선생님, 연락이라도 하고 오셔야지요. 어떻게 지내셨어요?"

윤성국은 죽은 형님이 돌아온 것처럼 원종일을 맞았다. 뒤에서 지켜보고 있던 김은철의 눈이 휘둥그레지며 이해할 수 없는 광경을 넋 놓고 쳐다보고만 있었다.

제4장

계속 성장하는
기업을 만든다

26 회사의 규모가 커지면 이익도 커지나?

"회사는 언제 어떻게 성장하는가?"

이 질문은 많은 것을 생각하게 한다.

공급보다 수요가 많은 경우 공급자는 말 그대로 규모의 경제를 추구한다. 원료를 대량 구매해서 단가를 낮추고, 대형 물류 시스템을 운영하여 물류비용을 낮추고, 대량 판매 체제를 통해서 박리다매의 이익구조를 만든다. 이것이 전통적인 형태의 성장 방법이다.

모든 기업은 처음에 시장의 한 귀퉁이에서 또는 작은 공장에서 시작하지만 점차 매출액도 커지고 종업원 수도 늘어나면서 성장한다.

> 중요한 것은 어느 시점에 성장 드라이브를 진행할 것인가 하는 점이다. 이익이 늘고 고객의 수가 지속적으로 증가하고 있다면 성장을 진행하는 것이 필요하지만, 현재의 성장 동력이 무엇인지 충분히 검토하여야 한다.

제조·판매하는 아이템의 시장 침투가 적절한가 하는 점과 대체재 및 경쟁은 어떻게 진행되고 있는가를 검토할 필요가 있다. 소규모 점포의 경우 근처에 유사 아이템이나 대체 품목을 판매하는 점포가 생기면 즉시 매출에 영향을 받는다. 기업이 자신의 성장만 생각해서는 안 되는 이유이다.

한 지역에서 편의점을 운영하는 사람이 근처에 있는 편의점을 인수했다. 길 하나를 사이에 두고 운영하던 편의점의 임대기간이 완료되었다는 것을 알게 된 후 즉시 인수 작업을 시작했다. 편의점이 마주 보고 있으니 매출에 영향을 준다고 판단했다. 편의점을 인수한 다음 분식점으로 바꾸었다. 동일한 시장에 서로 다른 점포를 배치함으로써 두 점포 모두 매출이 올라갔다.

주유소도 마찬가지다. 주위에 주유소가 몇 군데 들어서자 주유소의 일부 공간을 이용하여 편의점을 입점하도록 했다. 또한 가격 경쟁력을 확보하기 위하여 주유소의 할인 제도를 확대하고 포인트를 편의점에서 사용할 수 있도록 체제를 바꾸었고 고객들은 주유하는 동안 물건을 사러 편의점을 들르게 되었다.

이와는 반대로 성장 전략을 추진했지만 뜻대로 되지 않는 경우도 많이 있다.

얼마 전 자동차용 네비게이션 제작업체의 소멸을 지켜보았다. 그 회사 CEO의 표현처럼 회사는 그리 잘못한 것이 없었다. 네비게이션 시장이 너무 팽창하여 경쟁이 치열해지고 그에 따른 단가 하락 등 흔히 일어날 수 있는 순서로 매출이 감소했다.

문제는 공장이었다. 임대공장에서 일하던 CEO는 공장의 임대료만으로도 공장을 구입할 때 받은 대출금의 이자를 납부할 수 있다는 말을 듣고 덜컥 공장을 구입했다. 공장을 구입하고 1년 정도 지나자 판매 단가 경쟁에다 경기 불황으로 매출이 떨어지면서 결국에는 다시 예전의 규모로 돌아가야 하는 지경에 이른 것이다. 그것을 알았을 때는 이미 시기를 놓쳤고 공장 구입시 빌렸던 대출금의 이자도 겨우 내게 된 것이다.

성장 전략은 꼭 필요하지만 심사숙고 해야 한다.

다른 사례도 있다. 학원을 운영하던 CEO는 학원 임대료가 자꾸 올라가자 직접 빌딩을 신축했다. 월 임대료가 대출이자보다 높았던 것이다. 5층 규모의 건물에 3개 층은 임대를 하기로 계획하고, 2개 층은 학원으로 사용할 요량으로 건축을 시작했다.

그러나 건축이 끝난 다음 임대가 이루어지지 않은 것이 문제였다. 임대료를 받아서 대출금 이자도 갚고 원금도 일부 갚으려고 계산했는데 임대가 되지 않으니 이자도 모두 본인이 부담해야 하는 상황이 됐다. 거기다가 경제가 악화되자 학원생의 숫자도 점차 줄어드는 이중고를 겪게 되었다.

경기가 호황일 때는 시기와 관계없이 규모를 확장할 수 있다. 시설이든 점포든 팔릴 때는 아무 문제가 없다. 문제는 경기 흐름에 따라 소비 패턴이 변화할 때이다.

경영자는 경제 현황에 대한 정보 수집과 분석을 게을리 해서는 안 된다. 경제의 분석이 곧바로 경영으로 이어진다. 따라서 경제 현황을 파악하고 이에 대한 대책을 세우는 것이야 말로 생존 그 자체이기 때문이다.

CEO는 가끔 소심해져야 한다. 10원 짜리 하나의 소비에도 고민하고 있는 CEO를 향해 손가락질 할 사람은 아무도 없다. 호기롭게 돈을 펑펑

쓰다가 어느 날 사라지는 것보다는 꼼꼼하게 살아서 오랫동안 영속하는 기업을 만드는 것이 훨씬 행복하다.

　CEO는 소심하고 꼼꼼해야 한다.

　특히 설비 투자나 점포 혹은 공장 이전 등은 한 번 더 생각하고 시간을 두고 결정해야 한다. 하루 늦어졌다고 큰 일이 생기지 않는다. 누군가 꼭 오늘까지 해야 한다는데 준비가 덜 되어 있다면 그냥 포기하면 된다. 급하게 저지른 일들은 항상 문제를 안고 있을 뿐이다.

　신중하게 결정하고, 과감하게 실행하는 것이 CEO의 행동 철칙이다.

27 왜 우리 제품은 고객이 선택하지 않을까?

기업의 규모를 확장하기 위해서는 고객과 시장을 다시 한 번 돌아봐야 한다. 고객이 없는데 회사만 크게 키워서는 안 된다는 말이다. 거기다가 시장조차도 없어진다면 휘발유통을 등에 지고 불구덩이에 뛰어드는 꼴이 된다.

고객 확장은 기업 구성원들의 부단한 노력으로 이루어진다. 아무 것도 하지 않고 가만히 있는데 어느 날 고객이 구름처럼 몰려들지 않는다.

우리 회사의 상황에서 고객 확장을 위해서는 어떤 고객을 대상으로 하여야 하는가를 파악하자.

고객 세분화와 타겟 고객을 찾아야 한다. 이는 마케팅의 기초라 할 수 있는 S.T.P.(Segmentation, Targeting, Positioning) 전략을 수립하는 일이다. 기존 제품 이외의 고객 확대를 위해서는 차라리 고객 창출(없는 고객을 만들어 내는 일)이나 표적 고객의 변경(기존의 표적 고객 외의 다른 고객층)이 필요하다.

떡볶이 전문점을 보자. 대부분 중·고등학생이나 젊은 층이 대부분이다. 이런 경우 고객 확장을 추진한다면 어떤 고객을 대상으로 할 것인가? 중·장년층이 대상이 될 것이다. 그렇다면 중·장년층을 대상으로 할 수 있는 메뉴나 떡볶이의 변형은 어떻게 하면 좋을지를 검토하는 것이 고객 확장 전략이다.

나도 떡볶이를 무척 좋아하는데 요즘 분식점에서 새로 개발된 떡볶이를 먹지 않는다. 카레, 치즈 등을 넣어 맛을 바꾼 떡볶이 메뉴는 중년의 입맛에는 영 맞지 않는다. 그런데 얼마 전 한 떡볶이 가게에서 아주 맛있게 떡볶이를 먹었다. 그 점포에는 3가지의 떡볶이를 만들고 있었다. 오리지날, 핫, 카레 세 가지 맛의 떡볶이를 각각 조리하고 있었다. 여기에다 피자의 토핑처럼 치즈를 올리거나 파스타를 추가하거나 소시지나 어묵을 추가하여 주문하도록 되어 있어서 남녀노소 누가 와도 대응할 수 있도록 메뉴가 구성되어 있었다.

오랜만에 옛날 맛의 떡볶이를 먹어서 기분이 좋았을 뿐더러 젊은 여성 사장님의 아이디어에 찬사를 보냈던 기억이 난다. 고객을 사로잡을 아이디어는 가까운 데 있다.

이렇게 고객을 사로잡은 아이템을 만들어 낸 경우에는 프랜차이즈 사업을 고려해 볼 필요가 있다. 프랜차이즈 확장은 자연스러운 결과다. 프랜차이즈 본사와 가맹점 간의 제품 개발 및 판매 방법을 공유하고 시장을 확대하는 것이다. 프랜차이즈의 경우에는 개인이 할 수 없는 신제품 개발이나 마케팅 등 다양한 전략을 수립하고 이를 진행할 수 있게 된다.

그러나 최근에는 프랜차이즈를 위해서 아이템을 개발하는 사례가 많다. 검증되지 않은 아이템으로 확장만 한다고 해서 성공할 수 있는 것은 아니다.

> 프랜차이즈를 통한 시장 확장은 고객 확보 및 시장 점유율을
> 성장시키기 위한 좋은 방법이다. 이러한 프랜차이즈를 활용하여
> 창업하고자 하는 사람은 무작정 프랜차이즈에 가맹하기
> 보다는 자신이 정한 아이템을 기준으로 현재 가맹점을 모집하는
> 프랜차이즈들의 가맹점 지원 정책 및 신제품 개발 주기,
> 가맹점주들의 의견을 잘 들어본 후에 결정하여야 한다.

아이템이 명확하지 않거나 고객의 선택을 받을 수 없는 경우 시장 진입은 쉽지만 시장에서의 성장은 쉽지 않다.

시장 진입이 성공적으로 이루어진 것인가를 판단하는 중요한 지표 중의 하나는 시장 점유율이다. 시장 점유율은 시장에서 우리 제품이 차지하는 비율이 얼마인가 하는 것이다. 시장 점유율은 대상 시장을 어떻게 구성하느냐에 따라 달라진다. 이렇게 분석의 대상을 어떻게 구분할 것인가를 통계적 용어로 층별stratification이라고 하는데 이러한 층별은 데이터를 올바르게 평가하는 데 있어서 대단히 중요하다.

현재 내가 사업을 하고 있는 시장을 고객층으로 구분할 것인가, 블록 단위로 파악할 것인가 하는 점은 매우 중요하다. 고객층으로 판단하는 경우에도 거주 인구를 대상으로 할 것인지, 유동인구를 대상으로 할 것인지를 구분하여 파악해야 하는 것과 같은 의미다.

앞서 예로 든 떡볶이 전문점의 경우에는 아파트 상가에 입점하고 있어서 아파트 상가 전체를 대상으로 하여 고객을 분석할 수 있다. 이 떡볶

이 전문점은 근처 치킨 전문점, 김밥 전문점 등 유사한 규모의 매장 중에서 매출 1위를 달리고 있다. 비슷한 시간대에 입점 고객 수, 고객별 평균 구매 금액이 가장 높았다. 심지어 치킨 전문점 사장님은 길에 나와서 물끄러미 떡볶이 전문점으로 들어가는 손님들을 보고 있었다.

시장 점유율은 계속 변한다. 기업이든 자영업 점포를 운영하는 CEO든 시장을 유지하고 관리하는 것이 기업 성장의 중요한 요소라는 것을 알아야 한다.

시장 점유율이 지속해서 상승할 여지를 가지고 있다면 그 때는 공격적인 영업을 해 볼 필요가 있다. 제품이나 서비스에 대한 고객의 평판이 좋고 별도의 광고가 없어도 신규 고객에 의한 주문이 발생하고 기존 고객의 재구매 횟수가 증가한다면 그 때는 성장을 준비할 때이다.

이때 준비해야 하는 것이 바로 사업계획이다. 기업의 성장이나 회사의 성장을 위해서는 무엇을 어느 정도의 수준으로 할 것인지를 미리 준비하지 않는다면 성장의 기회를 놓쳐버릴 수도 있다.

시장은 기다리지 않는다. 만반의 준비를 하고 있는 기업만이 성장의 순간을 놓치지 않고 낚아 챌 수 있다.

28 성장을 위한 M&A와 업무 제휴는 무엇인가?

 자영업을 경영하는 CEO들은 M&A인수 및 합병라고 하면 대기업들이나 하는 일이지 중소기업이나 점포 창업자가 무슨 인수·합병이냐고 반문한다. 그러나 실상 주위를 돌아보면 인수나 합병이 이루어지는 사례는 얼마든지 있다.
 지방의 재래시장에는 돼지갈비집이 즐비하게 늘어선 돼지갈비 골목이 있다. 그 골목에 가보면 점포 3개의 벽을 허물고 한 가게처럼 사용하는 점포가 있다. 돼지갈비 식당의 사장은 처음에는 한 점포만 사용하다가 차츰 고객이 증가하자 옆에 있는 점포를 사 들여서 사용하고 있다고 했다.
 이 경우 돼지갈비 가게는 다른 지역의 큰 점포로 이전하는 것보다 훨씬 이득이다. 인수한 점포도 원래 돼지갈비 가게였기 때문에 별도의 설비나 인테리어 없이 간판만 바꿔서 영업을 할 수 있으므로 비용을 절감할 수 있다. 이것도 소규모 인수·합병의 사례이다.
 축산물을 가공해서 재래시장이나 급식업체에 공급하던 한 기업은 납품하던 고객사가 부도 위기에 처하자 고객사를 인수하여 자신들의 브랜드로 시장에 진입해서 성공했다. 이렇듯 CEO들이 동종의 점포를 인수하여 운영하는 경우는 많이 있다.

대규모가 아니더라도 시장 확대 혹은 규모의 성장을 위해서 필요한 경우에는 M&A를 적극적으로 검토하여야 한다. 시장을 확대하기 위하여 동종 또는 유사업종에 관련된 전략도 필요하고 때에 따라서는 자재나 원료를 공급하는 업체라든지 제품이나 서비스를 공급하는 업체를 인수·합병하는 경우에도 시너지 효과를 볼 수 있는 좋은 전략이 된다.

> 유사한 업종의 점포를 인수하거나 아이템을 확보하기 위하여
> 인수·합병이 이루어지는 경우를 '수평적 확장'이라고 한다.
> 반면에 예로 든 축산물 가공업체처럼
> 원료 가공, 보관, 완제품 공급 등의 단계를 일괄적으로
> 확보하는 경우는 '수직적 확장'이라고 한다.

수직 또는 수평 어떤 쪽으로 확장할 것인가는 회사나 점포의 운영 전략에 따라 추진되어야 마땅하다. 6개월~3년 정도의 단기, 중기의 안목을 가지고 추진 전략을 구상해야 한다.

업무 제휴는 그보다 훨씬 쉽다. 서로 다른 사업을 영위하는 두 개의 조직이 쌍방의 이익을 위하여 일시적으로 힘을 모으는 경우이다.

업무 제휴의 대표적인 예가 대리운전업체와 식당이다. 요즘은 술을 마신 고객들이 식당이나 주점에 대리운전을 부탁하는 경우가 많다. 직접

연락하는 고객도 있지만 술이 많이 취한 경우에는 식당에서 전화를 해 준다. 이때 대리운전 업체와 식당은 업무 제휴관계이다.

업무 네트워크를 형성하는 것은 기업의 미래를 위한 발판이기도 하다. 신제품 개발이나 마케팅, 고객층 확보 등 다양한 기업 활동에서 업무 제휴는 시너지 효과를 낼 수 있다.

숍인숍shop-in-shop 매장도 업무 제휴의 대표적인 예다. 커피전문점 한 쪽에 설치된 인테리어 소품류, 화장품 가게에 입점한 네일아트 전문점, 미용 실에 입점한 화장품 대리점 등 다양한 형태의 업무 제휴가 가능하다.

CEO들은 동종 업종뿐 아니라 이종 업종 간에도 만나고 네트워크를 만 들어야 한다. 이러한 업무 제휴는 이종 업종 간에 훨씬 더 효과를 발휘 할 수 있다.

서로 다른 영역의 제품이 만나서 전혀 다른 차원의 아이디어를 얻을 수 도 있고 기술 제휴를 통하여 신제품이나 신기술을 개발하는 사례는 많이 있다.

서로를 죽이는 관계가 아니라, 윈-윈win-win할 수 있는 동반자를 만들어 가는 것이 중요하다. 특히 소기업이나 자영업자의 경우에는 네트워크를 형성해서 업무를 제휴할 방법이 있다면 이를 적극적으로 활용하는 방법 을 찾아야 한다.

29 성장 단계에서 CEO가 할 일은 무엇인가?

　기업은 시간의 흐름과 성과를 나타내는 단계에 따라 창업기, 성장기, 성숙기, 소멸기의 네 가지 단계를 거친다. 기업에서 소멸기를 논의하는 것은 절대로 이치에 맞지 않다.
　그럼에도 불구하고 모든 기업은 숙명적으로 소멸기를 맞게 된다. 단지 그것이 언제인지는 알 수 없다. 그것은 사람의 인생과도 같다. 사람은 누구나 한 번 죽음을 맞이하게 된다. 사람은 자연적인 삶을 사는 경우에 대략적인 시기가 정해져 있다.
　기업은 다르다. 기업의 경우 소멸기가 다가오는 것은 당연하지만 그 시기는 전혀 다르다. 어떤 기업은 100년의 역사를 자랑하기도 하고 어떤 기업은 1년도 넘기지 못하고 사라진다.
　최근의 통계자료를 보면 기업의 수명은 대체로 4~10년 정도라고 한다. 어느 기업은 금방 소멸하지만 어떤 기업은 100년 이상을 지속한다. 도대체 그 차이는 무엇인가?
　그것은 다름 아닌 계획과 성과의 관리이다. 확실한 사업 추진 계획을 가진 경우에는 경제 현황의 변화나 고객의 경향에 대하여 꾸준한 검토와 이에 대응하기 위한 계획의 수정이 이루어질 것이다. 그러나 사업계획이 수립되지 않는 경우나 CEO 혼자서 사업계획을 생각하기만 하는 경우에는 광범위한 변화에 대응하기가 어렵다.

이렇듯 어느 기업이나 맞게 되는 기업의 소멸기를 늦추고 지속적인 성장을 이루어내는 방법은 다름 아닌 준비와 계획이다.

소멸기에 대응하기 위한 방법은 신제품을 개발해서 지속적인 매출을 확보하는 방법과 새로운 사업 영역으로 확장해서 전혀 다른 형태의 시장을 공략하는 방법 등이 있다. 그러면 이러한 준비는 언제 해야 할 것인가?

성장의 단계를 살펴보자.

창업기의 기업이나 점포는 아직 제대로 걸음마를 하지 못하는 상태다. 이 시기에 다른 준비는 거의 불가능하다. 성장기에는 매출과 인력의 성장으로 인하여 정신없이 제품을 만들고 시장을 공략하는 바람에 다른 것에 신경 쓸 겨를이 없다.

성숙기가 되면 조금 안정적인 운영도 가능하고 전체 시스템도 안정되게 운영되므로 새로운 분야에 대한 준비를 해야 하지 않을까 생각하게 된다. 그러나 안타까운 것은 성숙기에 들어서서 이러한 대응이 필요하다는 것을 느낀다면 시장에서는 역동성이 떨어지고 있다는 의미가 된다. 이것은 새로운 도약을 준비할 적절한 시기가 지났다는 의미이다.

이렇게 전체 단계를 따지고 보면 소멸기로 가지 않기 위한 대응을 해야 하는 이유가 더욱 명확해진다. 그때가 바로 성장기이다. 성장의 의미 속에는 단계별 활동에 대비한 시스템을 구축하고 이를 운영하는 것을 포함한다.

> 너무 바빠지면 '아, 지금부터 소멸기를 대비해야 한다.'라는 생각을 해야 한다. 그리고 다시 한번 시장을 돌아보아야 한다.

경제 현황과 주위에 새롭게 등장한 경쟁자는 없는가 시장의 트랜드는 어떻게 변화하는가 하는 것을 주의 깊게 돌아봐야 한다.

초보 사장의 경영이야기   성장을 말하다

커피전문점의 성장을 이끄는 것을 정의해 보자. 기업의 성장에 필요한 요소를 이해하고 준비해야 한다.

커피프랜즈 2호점은 1호점이 있던 지역에서 그리 멀지 않은 곳에 자리를 잡았다. 새롭게 형성된 산업 단지와 그에 따라 주거지가 형성된 외곽 지역에 오픈했다. 1호점에 비해서 매장의 넓이는 조금 작았지만 커피에 대한 자부심과 열정은 대단했다.

이경희가 커피프랜즈 2호점을 계획하면서 특별히 신경 쓴 부분은 인테리어였다. 1호점의 경우에는 비즈니스 룸이 한 개였는데 비해 2호점에는 작은 비즈니스 룸을 두 개로 늘렸다. 한 개는 비즈니스 전용 룸이고,

또 하나는 가변형 이동벽을 설치해서 평소에는 매장으로 사용하다가 필요하면 비즈니스 룸으로 변경할 수 있도록 했다. 가까운 곳에 산업단지가 있어서 비즈니스 모임이나 단체 손님을 유치하려면 비즈니스 룸이 필요하다고 판단했던 것이다.

커피프랜즈 2호점은 황보승훈과 데이비드 장이 공동으로 대표를 맡아서 운영하기로 했다. 메뉴는 기존의 커피프랜즈와 동일하게 하되 데이비드 장이 직접 결정하기로 했다.

이경희의 뜻에 따라 총괄 매니저와 홀 담당 직원을 채용하기로 했다. 황보승훈과 데이비드 장은 총괄 매니저를 채용하는 것에 반대했지만 이경희는 주장을 굽히지 않았다. 아르바이트 직원은 급여가 낮기 때문에 그만큼 업무에 대한 충성도도 낮다는 것이 이유였다. 새로 오픈하는 매장이고 당분간 데이비드가 주방에 있는 시간이 많기 때문에 홀 관리는 매우 중요하다고 판단했다. 손님 응대부터 서빙과 매출 관리에 이르기까지 중요한 일이 한두 가지가 아니다. 이경희가 굳이 정규 직원을 고집하는 결정적인 이유는 커피프랜즈 1호점에도 데이비드 장이 바리스타로 근무하면서부터 안정화되었고 매출이 점진적으로 늘어나는 등 체계적인 운영이 가능해졌기 때문이다.

커피프랜즈 2호점의 개업식에는 성공으로 가는 계단의 CEO 창업 아카데미 멤버들이 대부분 참석했다. 축하 화분과 선물을 들고 개업식에 참석했다. 이 날은 CEO 아카데미 1주년 모임 후 첫 번째 모임이기도 했다. 모두들 커피프랜즈 2호점의 오픈을 축하해 주었다. 사업이 확장되는 것을 보면서 모두 대단하다고 칭찬했고 더러는 부러움의 탄성을 질렀다. CEO 창업 아카데미 멤버들이 비즈니스 룸에 자리를 잡고 앉자 박영진이 먼저 축하의 말을 전했다.

"오랜만에 한 자리에 모이니 좋습니다. 거기다가 모두들 사업이 하루가 다르게 성장하고 있는 걸 보니 저도 보람되고 기쁩니다. 성공으로 가는 계단의 CEO 이동호 회장님께서 특별히 축하의 말씀을 전해 달라고 하시면서 그림을 한 점 보내주셨습니다."

박영진이 그림을 꺼내 보여 주었다. 바닷가를 배경으로 태양이 떠오르는 일출 그림이었다. 일출 다음의 밝은 세상이 열린다는 뜻이라고 했다.

"예전에 말씀드리지 않았던 한 가지를 말씀드리고자 합니다. 사업 성장의 축은 과연 뭘까요? 이제까지 여러분들은 실패하지 않는 사업, 버티는 사업으로 어려운 시기를 이겨냈습니다. 지금부터 여러분은 성장의 열쇠를 찾아내야 합니다. 성장을 위한 날갯짓이 필요한 때입니다. 버티는 것은 기업 본연의 모습이 아니기 때문입니다. 성장의 두 축은 바로 규모의 성장과 인력의 성장입니다."

> 기업의 성장은 언제 이루어지는가? 이 질문에 답하기란 참 어렵다. 기업의 성장은 단순히 인력을 많이 채용하는 것도 매출이 성장하는 것도 아니다. 정상적인 성장은 규모의 성장, 특히 안정적인 이익 구조의 확보와 종업원들의 업무 능력 성장이다.
> 이 두 가지가 균형 있게 성장할 때 기업은 성장한다.

"앞으로 지속적으로 성장하는 커피프랜즈가 되시기를 바랍니다. 건승을 기원합니다."

박영진 실장의 인사가 끝나자 자리에 모인 사람들이 한마음으로 박수를 보냈다.

이제 커피프랜즈는 새로운 성장의 출발점에 서게 된 것이다. 어쩌면 시련이 될 수도 있고, 한편으로는 성장의 축을 제대로 잡는 계기가 될 수도 있다. 커피프랜즈 2호점의 개점을 위해 데이비드 장이 준비한 기간이 거의 4개월 남짓 되었다. 열심히 준비한 4개월의 시간이 커피프랜즈의 40년을 위한 주춧돌이 될 것이기 때문이다.

황보승훈은 고객이 매장에 들어오는 순간부터 나가는 순간까지의 모든 일을 하나도 빠짐없이 업무 매뉴얼로 만들었다. 제조업에서 생산시스템을 설계하고 실제로 공장에 적용하는 일을 관리했기 때문에 서비스업에서 사용할 수 있는 매뉴얼도 어렵지 않게 만들어 냈다.

새로운 사람의 새로운 시작을 지원하는 것은 CEO가 해야 할 사회적 역할이다.

윤성국은 조금 늦게 커피프랜즈 2호점 개업식에 도착했다. 그도 길거리 프랜차이즈를 진행 중인 터라 한창 바쁜 시간에 개업식을 방문했다. 비즈니스 룸으로 들어온 그가 엉거주춤 섰다.

"늦어서 죄송합니다. 저도 2호점 준비하느라고 늦었습니다."

"와."

함성이 일었다. 한 사람 한 사람의 성장을 자기 일처럼 생각하고 기뻐해 주었다. 즐거운 표정의 사람들을 흐뭇하게 바라보던 윤성국이 소리를 높였다.

"실례가 되지 않는다면 지금 저희 STT 토스트의 2호점 점주가 되실 분이 인사를 드리면 어떨까 합니다. 오늘 같이 오셨습니다."

"아, 당연히 좋지. 모시고 오세요."

연장자인 고진필이 맞장구를 치자 옆에 있던 코스메티카의 김종일 사장도 거들었다.

"윤사장님과 같이 일하실 분이면 우리 식구 아닙니까? 어서 모시고 오세요."

"들어오세요. 괜찮습니다. 어서요."

윤성국이 문밖에 서 있던 사람의 소매를 잡아끌었다. 소매를 이끌린 사람이 비즈니스 룸으로 들어서는 순간 모두가 자리에서 벌떡 일어났다. 유기농산물 사업에 실패하고 떠났다던 원종국이었다.

"원사장님. 이게 어떻게?"

"어, 원선생님."

모두 한마디씩 던지면서 놀란 입을 다물지 못했다. 모두가 일어선 채로 악수를 나누고 인사를 마치자 박영진 실장이 진정시키며 자리에 앉게 했다. 모두가 자리에 앉자 윤성국은 며칠 전 원종국을 만난 얘기를 꺼냈다.

"원사장님께서 저를 찾아 오셔서 토스트 체인을 하고 싶다고 하셨습니다. 그래서 지금 체인점 오픈할 장소를 물색해보고 오는 길입니다. 목 좋은 장사 자리를 찾았습니다."

그제야 힘을 얻은 듯 원종국이 자리에서 일어났다. 눈물이 그렁해진 눈망울로 주위를 둘러보던 그가 입을 열었다.

"여러분을 이렇게 만나게 되니 정말 좋습니다. 제가 윤사장님을 찾아간 게 정말 잘한 일이구나 하는 생각이 듭니다. 사실 얼마나 망설였는지 모릅니다. 이게 맞는 건지 괜히 폐만 끼치는 것이 아닌지 많이 망설였습니다."

원종국은 CEO 경영 아카데미를 마친 후 유기농산물 직거래 사업을 시작했다가 8개월 여 만에 사업을 포기했다. 농산물 생산자와 거래처는 확보했지만, 물류시스템을 확보하지 못한 것이 실패의 원인이었다.

처음에는 자신이 직접 1톤 트럭을 가지고 생산자를 찾아가서 물건을 싣고 도시 지역의 소비자에게 배달해 주었다. 그런데 농산물이 신선식품이라 시간이 지체되는 경우에는 시들기 일쑤였고, 자칫 배달이 잘못되는 경우에는 신선도 관리를 잘 못해서 상품을 버리는 일까지 생겼다. 차라리 택배회사에 아웃소싱을 했으면 훨씬 안정적이었을 거라는 생각이 들었지만, 이미 상황은 돌이킬 수 없었다.

"처음 창업했을 때는 제 사업 아이디어가 제일 좋은 것 같았습니다. 그러다가 막상 문제가 생기고 사업을 포기해야 할 때쯤 되니 CEO 경영 아카데미에서 배운 것들이 생각나더군요. 이것은 이랬으면 좋았는데, 저것은 그렇게 할 걸 하는 것들이 생각났어요."

원종국은 그가 가진 전 재산을 모두 사업에 쏟아 부은 탓에 남은 돈이 없었다. CEO 창업 아카데미에서 교육 받은 대로 운전자금이라고 조금 남겨 놓은 것으로 가족들의 생계는 겨우 유지했지만 얼마 지나지 않아 그마저도 떨어진 상태였다. 급한 대로 직장을 찾아 나섰지만 기업에서는 나이가 많다고 받아주질 않았다. 공사장에서 일용직으로 일을 하던 중에 지역 정보신문의 광고란 옆에 있던 STT 토스트의 가맹점 모집 공고를 보게 되었던 것이다.

"어쨌든 잘 오셨습니다. 지금까지의 실패를 거울삼아 새롭게 사업을 하시면 잘 될 겁니다. 원래 실패에서 배운다고 하지 않습니까?"

고진필이 원종국의 손을 힘차게 쥐며 악수를 나누었다. 주위에서 한마디씩 던진 격려의 말끝에 원종국이 기어이 눈물을 보였다.

"제가 너무 고마운 것은 윤성국 사장님이 돈 한 푼 받지 않고 제게 모든 것을 주신 겁니다. 가맹비는 고사하고 트럭이며 재료까지 모두 그냥 주기로 하셨습니다. 몸 둘 바를 모르겠습니다. 윤사장님도 자금 운영하기 어려우실 텐데 말입니다."

원종국의 흐느낌이 점차 커졌다. 중년 남자의 눈물이 번지는 비즈니스 룸은 숙연해졌다. 쉽게 볼 수 없는 일이었다. 남자가 눈물을 보이는 것이 얼마나 힘든 일인가. 더구나 나이 어린 사람들 앞에서 자존심에 상처를 받을지도 모르는 일이다. 그러나 원종국은 눈물이 그치질 않았다.

"아 참. 원사장님도. 그거 제 돈 아니라니까요. 미래산업의 이동호 회장님 돈입니다. 모두 아시죠? 경영 지원금. 어찌 아시고 시기를 딱 맞추어 이 회장님께서 제게 보내셨더라구요. 어차피 프랜차이즈 하기로 준비 중이었던 터라 원사장님과 함께 하기로 마음 먹었습니다. 저도 한 번 실패하고 나서 이렇게 잘하고 있지 않습니까? 원사장님도 이번에는 꼭 실패하지 않는 사업을 만드실 겁니다."

박영진 실장이 자리에서 일어나 박수를 치기 시작했다. 한 번은 윤성국에게 또 한 번은 원종국에게. 모두들 자리에서 일어났다. 그들에게 박수를 보내는 것은 당연했다.

윤성국의 아름다운 성장을 위하여, 원종국의 새로운 시작을 위하여.

직원을 뽑을 때 실력이 아니라 사람을 보자.

㈜피에프티의 직원 모집 공고를 보고 찾아 온 면접자는 모두 10여 명 정도였다. 김영국 부장은 신규 아이템의 생산 진행 일정에 맞추어 생산관리와 품질보증 부분의 직원을 추가로 채용하기로 하고 구인 공고를 통하여 면접 대상자를 선발했다.

면접은 오전 10시부터 계획되어 있었다. 면접은 대표이사 면접으로 진행할 예정이었다. 최근 경제 여건이 나빠지면서 괜찮은 인재들이 중소기업에도 지원하는 추세였기에 고진필도 이런 기회에 좋은 인재를 채용해서 회사의 주인으로 만들어 둘 필요가 있다고 생각했다.

고진필은 면접을 어떻게 하는 것이 가장 좋을지 생각했다. 기존의 직원들과 화합도 되어야 하고 회사의 미래를 위해서는 능력 있는 재원을 채용해야 하기 때문이다.

10여 명의 면접 대기자들은 이미 회사에 도착해 있었다. 고진필은 그들을 대하면서 평소와는 다른 방법으로 면접을 시도해 보리라 마음을 먹었다.

아직 소기업 규모인 고진필의 회사에서는 똑똑하고 스마트한 사람을 필요로 하는 것은 아니었다. 열심히 일하고 정직하게 일할 수 있는 사람이 더욱 필요한 시기다.

고진필은 김영국 부장에게 오늘의 면접 방식을 설명했다.

"사장님, 너무 심하지 않을까요? 몇몇 괜찮은 친구들도 있던데요. 그렇게 하면 그 친구들 다 도망가 버릴텐데요?"

"그 정도로 도망갈 친구라면 채용해봤자 다 도망가. 어차피 갈 거면 빨리 가는 편이 그 사람들이나 우리나 다 좋은 거야. 그렇게 해 보자구. 만약 오늘 실패하면 내가 생각을 바꾸지."

그렇게 면접이 시작되었다. 고진필이 생각한 면접 방법은 곧바로 현업에 투입하는 것이었다.

소기업의 경우에 많은 구직자들이 처음에는 호기심으로 왔다가 근무 조건이나 근무 환경을 들으면 금방 떠난다. 하루 이틀이라도 일하고 가는 경우는 그나마 양호하다. 정규 근무 시간을 한 시간도 안 채우고 떠나는 경우가 부지기수다. 그렇게 되면 기업에서는 예비 후보자에게 계속 기댈 수밖에 없고, 그나마 예비 후보자가 다른 기업에라도 먼저 취직이 되면 인력 부족 현상은 계속된다.

고진필은 그럴 바에야 하루라도 빨리 현실에 부딪히는 것이 낫다는 생각을 한 것이다. 열심히 면접 봐도 떠날 사람이라면 그냥 떠나기 때문이다. 진짜 회사에서 일하고 싶은 사람에게 기회를 주자는 고진필의 생각이 타당할 지도 모른다.

면접자들은 곧바로 생산 현장에 투입되었다. 면접자들에게는 회사의 작업복 상의만 지급되었고 업무는 직접 생산 작업이었다. 생산부의 정충환 부장이 면접자들을 한 자리에 모아놓고 해야 할 일들을 설명했다. 플라스틱 성형기에서 배출되는 제품 포장 작업을 2인 1조로 진행하기로 했다. 남자 6명, 여자 4명의 면접자들은 갑작스런 면접 방식에 수군거렸다. 누구하나 대놓고 말하는 사람은 없었으나 그들은 정장을 버릴까봐 작업복을 입지 못하고 있었다.

잠시 후 작업복으로 갈아 입은 면접자들은 생산설비 옆에 붙어 서서 제품이 나오는 것을 지켜보며 박스 포장 작업을 시작했다. 플라스틱 사출 성형기에서 생산되는 제품을 4개씩 넣은 다음 비닐을 깔고 또 다시 4개씩 쌓는 작업을 반복한다. 1박스에 모두 20개씩의 제품을 담을 수 있다.

그러나 작업을 하는 것도 잠시뿐이었다. 작업 시작 후 얼마 지나지 않아서 남자 면접자 2명이 말도 없이 자리를 벗어났다. 뒤이어 여자 면접자 2명도 떠났다. 그렇게 한 사람씩 사라지고 점심시간까지 남은 사람은 모두 3명뿐이었다.

고진필은 남아있던 3명을 차에 태우고 김영국 부장과 함께 예약해 둔 식당으로 향했다. 근처 한정식 식당에는 이미 5인분의 식사가 차려져 있었다. 한정식은 특별 코스로 준비되어 있었다. 면접 응시자들은 또 한 번 눈이 휘둥그레졌다.

엉거주춤 서 있는 사람들을 향해 고진필이 말했다.

"앉읍시다. 점심식사나 합시다."
조심스럽게 모두가 자리에 앉자, 고진필이 옆에 있던 남자 면접자의 명찰을 확인했다.
"어디 봅시다. 김초원 씨. 왜 안 가셨어요?"
"예?"
"왜 집에 안 갔느냐구요? 같이 면접 보러 왔던 사람들은 모두 돌아갔는데 왜 있었는가 해서 물어 보는 겁니다."
"저는 면접 보러 왔습니다. 그런데 아직 면접을 실시하지 않으셨잖습니까?"
"허허, 그러니까 면접은 보고 가야겠다?"
"예, 그렇습니다. 오늘 저는 면접을 보러 왔습니다. 회사의 방침이 어떤지는 모르지만 뭔가 다른 것이 있으리라 생각했습니다."
첫 번째 질문을 받은 면접자가 말했다. 두 번째 면접자의 생각은 또 달랐다.
"저는 면접에 참석하기 전 ㈜피에프티의 연혁을 확인하였습니다. 업력이 오래 되진 않았지만 ㈜미래산업에 납품하고 있는 기업으로 알고 있습니다. 현재 생산중인 아이템은 자동차의 필수 부품이므로 앞으로 회사의 성장 가능성을 보고 꼭 일하고 싶었습니다. 그래서 기다렸습니다. 설마 일만 하다가 집에 가지는 않을 것으로 생각했습니다."
고진필은 깜짝 놀랐다. 아직 회사의 홈페이지도 없는 상태다. 그런데 회사의 내막을 이렇게 잘 알 수 있단 말인가?
"이보게, 자네는 어떻게 우리 회사의 정보를 그렇게 잘 알고 있는가?"
"예, 사실은 같은 대학 학과 선배가 자동차 부품관련 업종에 종사하고 있습니다. 면접 오기 전에 전화를 해서 물어 보았습니다."

"음, 대단하구만. 어떻게 그런 생각을 다 했지. 그럼 마지막으로 자네는?"
멀리 떨어져 김영국 부장과 가까운 곳에 앉아 있던 여성 지원자는 부끄러운 듯 고개를 숙이며 인사를 했다.
"저는 생산부 정충환 부장님의 조카입니다. 삼촌이 회사가 앞으로 성장할테니 걱정 말고 지원하라고 해서서 지원했습니다. 저도 오전에 면접도 안보고 일만 시켜서 가려고 했는데, 삼촌이 분명히 사장님의 생각이 있을 거라고 해서서 기다리고 있었습니다."
"그럼, 정부장하고 친척인데 그렇다고 해서 내가 특별히 대하지는 않는데?"
"그래도 좋습니다. 특별히 대해 주시기를 바라는 것이 아니라 사장님의 특별함에 반했습니다. 다른 회사들처럼 일률적이거나 습관적이지 않아서 더욱 좋습니다. 기회가 되면 꼭 일하고 싶습니다."
당돌하다고 해야 할지 대단하다고 해야 할지 고진필은 말문이 막혔다. 대학 졸업반이니 갓 20살을 지난 여성이 이렇듯 자신의 주장을 뚜렷하게 말할 수 있다니 참으로 대단하다는 생각이 들었다.
지금까지 남아 있었던 면접자들은 하나같이 자기만의 뚜렷한 가치관과 열정을 가진 사람들이었다. 그냥 한 번쯤 들러보고 갈 생각이 아니라 일을 해야 하는 이유와 목표를 가지고 있는 것이다.
"김부장도 질문할 것 있으면 하지?"
"예, 식사하면서 하겠습니다. 오전에 일을 해서 배가 많이 고플 것 같은데 식사하시죠."
"그러지. 식사하면서 얘기 합시다."
식탁에는 한정식으로 식사가 차려지기 시작했다. 식사하는 동안 다섯 사람은 이런 저런 얘기들을 나눴다. 고진필은 자신의 인생에 대한 이야기며

4 계속 성장하는 기업을 만든다 229

앞으로 회사의 방향 등에 대하여 말했고, 면접자들은 자신의 전공과 앞으로의 꿈, 그리고 자라 온 환경 등에 대한 얘기를 나누었다.
식사를 마치고, 김부장이 고진필에게 말했다.
"사장님, 이제 돌아가시죠."
"김부장, 우리가 몇 명을 채용하기로 했었지?"
"예, 두 명입니다. 품질, 생산관리 각 1명입니다."
고진필이 잠깐 생각하는가 싶더니 이내 고개를 들었다.
"여기 계신 세 분을 우리 ㈜피에프티의 직원으로 채용하고 싶습니다. 동의하시는 분은 다음 주 월요일부터 출근하시면 됩니다. 자세한 내용은 여기 김영국 부장이 알려줄 겁니다. 사실은 우리 회사는 두 명을 충원할 계획이었습니다. 그런데 저는 여기 있는 세 분 모두 마음에 듭니다. 혹여나 근무를 해보면 다를 수도 있겠지만 우리 회사의 비전은 내가 장담합니다. 같이 고생하면 머지않아 성장할 것을 확신합니다. 날 믿고 일해 봅시다."
고진필은 그 자리에서 세 명을 채용하기로 결정했다.

> 회사와 직원은 일상이 되어버린 조건과 관리의 관계를 벗어나야만 한다. 몇 시에 출근하고 몇 시에 퇴근하고 휴가는 어떻게 하는가 등의 조건에 맞추어서 일하는 것은 기업과 직원, 양쪽의 성장에 도움을 주지 못한다.

수출은 기업이 성장하는 지름길이다.

㈜코스메티카의 김종일이 급하게 박영진을 찾아왔다. 몇 시간 전에는 숨이 턱에 차서 전화를 하더니 급기야는 박영진의 외부 강의장까지 찾아와 기다리고 있었다. 박영진은 한 대학교에서 특강을 진행 중이었는데 김종일은 강의장 입구에서 기다리고 있었다.

"실장님. 이거 한 번 봐주셔야겠습니다."

김종일이 불쑥 내민 것은 베트남 현지 회사에서 ㈜코스메티카에 제품을 주문하는 오퍼 시트였다.

"김 사장님, 갑자기 왜 그러세요? 오퍼 시트네요. 베트남 회사에서 주문한다는 내용인 것 같네요. 아니 이거 보여주려고 여기까지 오신 겁니까? 차를 한 시간이나 운전하셔서요?"

박영진은 언뜻 이해가 되지 않는다는 듯 눈을 모으고 목소리를 높였다. 지난 번 만났을 때부터 계속 수출 진행 중이라는 말을 들었는데 결국 수출하게 되었으면 빨리 업무를 진행하면 될 것인데 굳이 오퍼 시트를 들고 온 이유가 뭘까?

"실장님, 이 회사 믿을 수 있는 회사일까요? 작년에 강의 들을 때 미래산업 이동호 회장님께서도 수출하다가 대금을 못 받았다고 하셨던 기억이 나서요. 주문을 받으니 좋은데 한편으로는 제대로 된 건지 잘못된 건지? 불안하기도 하구요. 어떻게 해야 될지 몰라서요."

"아니 회사에 직원들 중에 영어 잘하는 직원 없으세요? 그냥 전화해서 일단 확인하라고 하시면 되죠?"

"아, 그러면 되는군요."

"예?"

박영진이 김종일의 말뜻을 몰라 반문하는 사이 김종일의 얼굴은 더욱 울상이 되었다.

"진짭니다. 도무지 뭘 해야 될지 몰라서 왔습니다. 생각나는 분이 박실장님밖에 없어서요."

"이런 일을 봤나? 김사장님. 큰일입니다. 겨우 주문서 한 장에 이러시면 무역 관련 일들이 계속되면 정신을 못 차리시겠습니다."

㈜코스메티카는 베트남의 한 기업으로부터 코스메티카에서 생산하는 한방 화장품 제품의 주문을 받았다. 새로운 시장을 찾아 나선 김종일은 결국 베트남에서 시장을 찾을 수 있었고 이제부터는 수출을 시작해야 할 시기가 된 것이다.

"김사장님, 무역 업무는 지금까지 하셨던 것과는 다른 업무입니다. 가능하면 경험이 있는 직원을 채용하셔서 대응하시는 편이 좋을 것 같습니다. 그게 아니면 무역협회나 상공회의소 등에서 지원하는 수출 기업 지원 정책들이 다양하게 있으니 그 쪽을 활용하셔도 좋구요."

"예, 일단 돌아가서 천천히 정리해 보겠습니다. 이왕이면 실장님께서 무역쪽으로 실무 능력이 있는 사람을 한 명 추천해 주시면 어떻습니까?"

"죄송합니다, 제가 사람 추천은 잘 하지 않는 편입니다. 제 딴에는 잘 맞을 것 같아서 소개해 드렸는데 안 맞는 경우에는 제가 어색해서 말입니다. 무역관련 실무 능력이 있는 직원은 구인광고에 올리시면 많이 있을 겁니다. 사장님께서 면접보시고 마음에 드는 분으로 채용하시죠."

30 새로운 제품을 계속 개발해야 하나?

 기업은 항상 새로워져야 한다. 기업의 성장은 제품이나 조직 구성원이나 조직의 문화에 이르기까지 항상 변하고 있다. 이러한 변화가 조직에 생명력을 불어 넣고 기업을 성장시킨다.

 만약 어떤 기업에서 5년 전에 생산되던 제품이 아직도 그대로 생산되고 있다면 좋은 일이다. 그러나 업그레이드된 신제품은 꼭 필요하다. 그래야 조직의 구성원들이 계속해서 창의적인 활동을 한다는 증거가 되기 때문이다.

 기업의 연구 활동은 대표적으로 기업부설 연구소를 설치하는 것이다. 기업부설 연구소는 한국산업기술진흥협회www.koita.or.kr의 홈페이지를 통하여 자격 요건을 확인한 후에 설치한다. 기본적인 신청 요건은 이공계 대학 졸업자 또는 경력 4년 이상의 고졸자 5명을 확보하고 별도의 연구소 사무실과 연구를 위한 장비를 보유하여야 한다. 지정 양식의 신청서와 관련 서류를 홈페이지에서 다운로드 하여 작성한 다음 한국산업기술진흥협회에 신청하면 제출된 서류를 검토한 후 사실 여부를 확인한 다음 연구소 등록을 할 수 있다.

 기업부설 연구소가 설치된 기업은 국가에서 지원하는 다양한 기술 개발 지원 사업의 혜택을 받을 수 있다. 기업에서 필요한 신제품 또는 원천 기술에 대한 제품화 및 사업화를 위한 지원 정책에 참여할 수 있다. 앞서 설명한 포트폴리오 분석에서 설명한 '물음표' 영역의 새로운 제품을 쉴 새 없이 만들어내야 하는 것이다.

> 기업에서 새로운 기능이 생겨나고
> 새로운 부서가 생겨나서 활동을 하게 되는 것은
> 기존의 직원들에게도 자극이 되며 활력을 불어넣을 수 있다.

 기업부설 연구소를 설치하고 기술을 개발하는 기업은 특허를 비롯한 산업 재산권을 확보하기도 하고 벤처기업으로 확인받음으로써 기술 개발이나 신규 시장으로의 진입을 꾀할 수도 있다.

 창업을 준비하는 예비 창업자의 경우에도 제품 개발이나 연구 활동을 위한 지원 정책은 많이 있다. 아이디어 상품화 지원사업중소기업청 지원이라든가 예비 기술창업자 지원사업중소기업청 지원, 시제품 제작 지원 사업 등을 활용하여 개발된 제품의 시장 진입이나 시제품 생산, 마케팅 활동에 도움을 받을 수 있다.

 최근에는 해외 시장 진출을 추진하는 기업을 위해 해외 시장 조사, 현지 적응 인큐베이팅, 현지 바이어와 통역 서비스 등의 지원이 이루어지고 있다.

사업을 영위하는 CEO는 혼자서 모든 것을 해결하려고 해서는 안 된다. 주어진 시간과 자원이 한정적인 상황에서 최대의 성과를 낼 수 없기 때문이다. 정책적으로 운영하는 지원 사업에 참여하여 이미 정리되어 있는 도약의 발판을 십분 활용하여야 한다.

대부분의 기업은 완제품을 만들어서 시장에 진입하고 싶은 욕심을 가지고 있다. 그러나 실제로 자신만의 브랜드와 제품으로 시장에서 성공하는 사례는 드물다. 수많은 시도와 실패의 결과로 얻을 수 있는 몇몇 제품이 시장에 나와 있음을 명심하고 연구 개발활동을 추진하여야 한다.

31 제품이나 아이템을 확장하는 방법은 무엇인가?

기업이 매출을 증대하는 방법은 대표적으로 두 가지로 구분할 수 있다. 한 가지는 새로운 제품을 출시하는 것이고, 또 한 가지는 기존의 고객들이 더 많이 구매할 수 있도록 마케팅하는 것이다.

흔히 사용하는 용어로는 신제품과 자매품이 매출을 올리는 방법이다.

신제품은 신규 고객을 확보하기 위한 것이다. 기존의 제품으로 확보한 고객 외에 신규 고객을 타겟으로 하는 제품을 출시함으로써 새로운 매출을 창출하는 것이다.

이에 반하여 기존의 고객을 대상으로 하기 위해서는 기존의 제품과 유사한 제품이나 업그레이드된 제품을 지속적으로 출시함으로써 기존의 고객이 계속해서 자사의 제품을 구입하도록 하는 것은 자매품이라고 말할 수 있다.

최근 태블릿 PC의 보급이 데스크탑과 노트북 PC 시장에 영향을 주고 있다고 한다. 국내 기업에서 생산하는 태블릿 PC를 보면 그 크기가 정말 다양하다. 7.7인치부터 12인치에 이르기까지 매우 다양하다. 반면에 경쟁업체에서는 한 가지 모델만으로도 시장 점유율을 높이고 있다.

어느 쪽이 더 좋을까? 한 기업은 다양한 크기의 제품으로 다양한 고객층을 공략하고 경쟁 기업은 한 가지 제품으로 충성고객을 만들어가고 있다.

정답은 없다. 왜냐하면 마케팅의 결과는 시간이 흐른 다음 통계자료가 알려주기 때문이다. 결국 기업은 자신의 전략을 선택해 준 고객의 숫자가 파악된 후에야 그 결과를 알 수 있다.

그러나 어느 쪽이든 경영 전략 면에서는 대단한 성과를 거두고 있다. 한 가지 제품만을 생산하는 기업은 최고만을 추구하고 다른 쪽은 다양성을 추구한다. 누구라도 손쉽게 접근할 수 있도록 해서 고객층을 확대하고 있는 것이다.

나는 패스트 푸드점에 가면 한 번씩 멍청해질 때가 있다. 갈 때마다 다른 이름의 제품들이 출시되고 있어서 도대체 뭐가 뭔지 모를 때가 있다. 그때 아이들에게 물어보면 그 어려운 이름들을 얼마나 잘 알고 있는지 그저 놀라울 따름이다. 어려운 영어 이름을 외우는 걸 보면 머리가 나쁜 건 아닌데 학교 성적은 따로 놀고 있으니 그것 또한 놀라운 일이다.

어쨌든 패스트푸드점에 들를 때면 꼭 검토해 보기를 권한다. 어느 정도의 주기로 신제품이 출시되는가 하는 것과 시장에 진입한 제품은 어떻게 변화하고 있는가 하는 것이다. 패스트푸드나 전자 제품의 경우 제품의 수명주기도 빠르고 기술 개발도 빨라서 시장 분석 시 좋은 교과서가 될 수 있으니 꼭 활용하기 바란다.

CEO는 눈에 보이는 모든 현상을 파악하고 정보를 입수해야 한다. 우리가 만나는 햄버거나 피자 등의 프랜차이즈 브랜드는 이미 수십 년 동안 고객 분석을 실시해 온 시장 분석의 달인들이다. 그들은 고객을 분석하고 어떻게 마케팅하고 그 마케팅이 어떤 결과를 얻는다는 것을 잘 알고 있다. 그들의 움직임을 분석해도 훌륭한 마케팅 공부가 될 것이다.

32 수출 시장에 진출하는 것은 어렵지 않을까?

시장은 항상 열려 있다. 시장은 우리 주변에만 있는 것이 아니다. 우리나라에서 유행에 조금 뒤떨어진 제품은 우리나라보다 개발이 더딘 국가에서 최고의 제품으로 변하는 경우가 있다.

미국이나 일본, 유럽 등지에서 유행이 지난 제품이나 우리나라에서 한 풀 꺾이는 제품, 경쟁이 심한 제품 등은 그 판매처를 해외로 돌리면 새로운 시장을 찾을 수가 있다.

베트남, 라오스, 캄보디아, 러시아 등의 시장에서 한국의 중고 자동차가 인기리에 판매된다는 것은 잘 알려진 사실이다. 덩달아 이러한 자동차에 사용되는 자동차 소모성 부품들도 불티나게 팔린다고 한다. 심지어 우리나라의 자동차 정비 기술자도 각 나라별로 진출하여 상당한 돈을 벌고 있다고 한다.

이는 기업의 성장 전략은 오로지 제품과 고객에게 집중되어야 한다는 것을 증명한다. 전혀 가능성이 없을 것 같은 시장을 만들어 내는 것을 반증하기도 한다.

'시장이 없네.' '고객이 없네.' 하는 것은 편하게 앉아서 일하는 사람들의 이야기다. 전쟁은 사령부에 앉아 있는 사람들만으로는 이길 수 없다. 현장에서 발을 굴러 뛰어보고 힘을 다해 전투에 임하는 사람과 하나가 되어야만 성공의 길로 가게 된다.

 최근 경기 침체로 인하여 소비재를 만드는 제조 기업들이 해외시장 개척에 혼신의 힘을 다하고 있다. 이러한 경향에 맞추어 정부에서도 해외시장 개척 지원 사업, 수출 지원 사업, 현지 창업 보육 및 사무실 공동 활용 사업 등을 추진하고 있으니 이런 정책을 적극적으로 활용하여야 한다.

 창업진흥원www.kised.or.kr 주관으로 노래방이나 편의점 등의 소규모 점포 창업자의 해외 진출을 지원하는 사업도 시행한 적이 있다. 이러한 사업들은 시장을 적극적으로 찾고 도전하지 않으면 절대로 참여할 수 없는 것들이다.

 최근에는 중소기업진흥공단 주관으로 글로벌 마케팅 지원 사업을 시행하였는데 많은 기업들이 이 사업에 참여하여 도움을 받았다. 그때 만난 CEO들은 모두 다 지원 사업을 알리는 메일을 보고 신청했다고 한다.

 CEO가 아무런 노력도 하지 않고 가만히 있는데 도와주는 사람이 나타나기를 기대하는 것은 잘못된 생각이다. 옛말에도 하늘은 스스로 돕는 자를 돕는다고 했다. 노력하는 사람에게 기회가 온다는 말이다. 무엇을 할 것인지 찾아다니고 공부를 게을리 하지 않는 CEO만이 기업의 성장과 시장 확대의 기회를 얻을 수 있다.

 국내 시장뿐만 아니라 해외시장에서 자신의 브랜드를 알리는 일에 도전해 보길 바란다. '나는 안 돼.'라고 생각하지 말고 도전해 보자.

기계 가공용 공구를 생산하는 한 소기업은 직원 20여 명의 힘으로 대만, 요르단, 일본 등지의 바이어를 발굴하여 수출하고 있으며, 성인용 기저귀를 생산하는 기업은 국내 매출 없이도 수출만으로 수십억 원이 넘는 매출을 기록하고 있다.

 할 수 없는 것은 없다. 단지 하지 않을 뿐이라는 CEO의 말을 떠올리자. 하지 않았기 때문에 안 되는 것이다. 생각의 변화가 더 큰 성장을 이끈다.

초보 사장의 경영이야기   성장은 새로운 길 위에 있다

실패를 이해할 때가 온다. 실패가 약이 된다. 작은 실패는 꼭 해봐야 한다.

㈜코스메티카의 김종일은 얼마 전 무역업체에서 근무하다 퇴직한 베테랑 직원을 영입했다. 이번에 직원 채용에는 정부 지원 정책이 한몫을 했다. 중소기업청에서는 중소기업에서 퇴직한 인력을 고용할 경우 급여의 일부를 지원하는 퇴직자 채용 지원 프로그램을 운영하고 있어서 이를 활용했던 것이다.

직원을 채용하는 일에 우려가 있었던 것도 사실이다. 유형선 이사는 올해 56세로 동남아 지역에 기계류를 수출하던 기업에서 근무하다가 작년에 퇴직했다. 처음 면접을 보던 자리에서 유형선은 아직까지 힘이 있고 자신이 배운 기술을 활용할 수 있는 일이라면 무슨 일이라도 해보고 싶다는 열정을 보여 주었다.

유형선 이사가 처음 출근하던 날부터 ㈜코스메티카에는 새로운 바람이 불었다.
출근 첫 날 일찍 출근한 유형선이 홀로 사무실 청소를 하고 있었다. 나이 든 이사가 청소를 하고 있으니 뒤이어 출근한 직원들이 너나없이 걸레며 빗자루를 들고 청소를 하는 건 당연했다. 그는 아들 딸 같은 젊은 직원들에게 싫은 소리 한마디도 하지 않고 묵묵히 혼자 청소를 마치고 자리에서 업무를 챙겼다.

이 날 김종일 사장이 화장품 원료 구입 문제로 조금 늦게 출근하자 유형선 이사는 베트남 거래 업체의 정보 및 수출 업무 추진 방안에 대한 보고서를 작성해서 책상에 올려 두기까지 했다.

보고서를 보던 김종일이 놀라서 유이사를 불렀다.

"이사님, 언제 이걸 다 하셨습니까? 양이 꽤 많은데요?"

"허, 그게 뭐 시간이 걸립니까? 내가 30년 세월을 바쳐서 해 온 일입니다. 지금도 눈에 선합니다. 몸은 나이를 먹었지만 정신은 아직 또렷합니다."

"야, 대단하십니다."

"저야말로 고맙습니다. 늙은이가 다시 일할 수 있도록 도와줘서 고맙습니다. 한 일 년 동안 일 안하고 놀았더니 신입 사원이 된 기분입니다."

박영진으로부터 경영 장려금이 확정되었다며 연락이 온 것은 그 날 오후였다. 박영진은 면담을 진행한 순서대로 자금을 집행하다 보니 ㈜코스메티카가 제일 마지막에 집행되었다며 미안하다고 말했다. 김종일은 감사 인사를 하면서 박영진에게 시간 내서 회사에 들러 달라고 신신당부했다.

㈜코스메티카에서는 유형선 이사가 입사한 이후 수출 업무가 막힘없이 진행되었다. 기존의 직원들은 대부분 제품 개발 및 생산에 집중하게 되어 생산성이 더욱 높아졌고, 유형선 이사는 친분이 있는 베트남 진출 기업을 통하여 ㈜코스메티카에 오더를 한 베트남 현지 기업을 파악했다.

㈜코스메티카의 파트너가 될 베트남의 현지 기업은 믿어도 안전할 것이라는 결론을 내렸다. 아직 기업 체제가 명확하지 않은 베트남 현지의 특성상 사기 거래가 속출하고 있는 현실이었기 때문에 거래에 앞서 상대 기업에 대한 정보를 파악하는 일은 필수였다.

김종일은 최소한의 원가에 해당하는 판매 대금의 65%를 선불로 받고 대금이 입금되면 컨테이너로 제품을 보내기로 했고 며칠이 지나자 베트남 현지 파트너 기업에서는 두말없이 대금을 보내왔다.

김종일은 베트남으로부터 정식으로 신용장이 개설되고 대금이 입금되자 제품을 만들고 수출 작업을 진행하는 등 정신없는 한 달을 보내고 무사히 선적을 마쳤다. 물건이 도착했다는 연락을 받은 후 한 달 정도가 지나자 기다렸던 추가 주문이 들어왔다.

베트남의 파트너는 지난 번 수출 물량의 2배가 넘는 양을 주문해 왔다. 최근 이슈가 되고 있는 한류 바람을 타고 '메이드 인 코리아' 제품은 순식간에 판매가 완료되었다며 흥분하기까지 했다. 최근 열광적인 K-pop의 인기를 등에 업고 한국 요리며 의류, 화장품에 이르기까지 베트남에서 한국 열풍은 가히 상상을 초월하는 수준이라고 했다. 이렇게 좋은 타이밍에 베트남에 진출하게 된 것이 얼마나 다행스러운지 김종일은 연일 싱글벙글 이었다.

㈜코스메티카는 2차 주문 물량의 선적 날짜에 맞추기 위해 회사의 모든 생산 능력을 동원해서 정신없이 제품을 만들었다. 성공으로 가는 계단의 CEO 경영 아카데미에서 받은 경영 지원금을 원료 및 포장지 구매 비용으로 사용할 수 있어서 이번 수출 진행이 한결 수월했다.

이 시기에 맞추어 김종일은 유형선 이사와 함께 직접 베트남을 찾아가서 영업을 시작했다. 이왕 시작된 수출이니 제대로 해 보자는 생각이었다.

지방자치 단체에서 후원하는 지역 시장 개척단의 일원으로 베트남과 라오스 등 동남아시아 시장을 방문하는 일정이었다. 이 일정에 김종일은 자신들과 거래를 시작한 베트남 현지 수입업체의 사장까지 만나 지속적인 제품 공급을 위한 계약도 체결했다. 거기다가 현지 판매처의 적극적인 한국 제품 판매 의지도 확인할 수 있어서 유익한 시간을 보내고 돌아왔다.

그렇게 시간이 지나가고 화장품의 선적 일정이 다가오자 갑자기 베트남 현지 수입업체에서 연락이 왔다. 이번에는 선적 물량도 많고 자금 회전이 원활하지 않아서 선금을 40% 정도로 해 줄 수 없겠느냐는 것이었다. 김종일 사장은 현지에서 만났던 베트남 사장과의 계약도 있고 하니 선입금 금액을 다소 낮추어 주기로 했다.

"사장님. 일단 선적을 며칠 늦추시는 것이 어떨까요? 자금이 들어오면 그 때 선적을 해도 됩니다. 베트남 쪽 사장의 태도가 이상합니다."

"이사님, 왜요? 문제가 있습니까?"

"아닙니다. 문제는 없지만 선적 날짜가 엄연히 정해져 있었는데 이제 와서 갑자기 자금 회전이 안 좋아졌다는 말은 어딘지 모르게 수상합니다."

"그럴 리가 있나요? 자금 회전이 안 좋겠죠. 그리고 40% 정도니까 지난 번에 비해 조금 낮은 수준이지만 진행하겠습니다."

김종일은 고개를 가로 젓는 유형선 이사의 의견을 묵살하고 선적을 강행했다.

새로운 시장에서는 새로운 전략이 필요하다. 시장의 변화에 대응하는 것은 CEO가 해야 할 일이다.

윤성국의 STT 토스트 푸드트럭 1호가 영업을 시작했다. STT 토스트의 1호 가맹점의 영예를 안은 원종국은 마치 다른 사람이 된 것 같았다. 이

전의 일들은 모두 잊은 듯 정신없이 제품을 만들고 홍보를 시작했다. 한 달 동안 원종국은 STT 토스트 점포에서 토스트 만들기와 커피 등 음료 만들기, 그리고 고객 응대에 이르기까지 매장이 오픈하는 시간부터 마감할 때까지 열심히 실무 경험을 쌓았다.

한 달여의 준비 끝에 STT 토스트 푸드트럭 1호를 오픈했다.

그러나 기대가 너무 커서인지 예상만큼 매출이 오르지 않았다. 원종국은 윤성국이 처음 푸드트럭 영업을 했던 경험을 거울삼아 오전 6시부터 오후 8시까지 영업을 했고 윤성국도 매일 매장에 나와서 판매 상태를 점검했다. 하지만 매출이 영 신통치 않았다.

일주일이 지나도록 매출이 상승할 기미를 보이지 않자 원종국은 조바심을 냈고 윤성국도 미안한 마음을 표현할 길이 없어 어색한 분위기가 되고 말았다. 그도 그럴 것이 이번 푸드트럭 오픈을 위해 윤성국이 성공으로 가는 계단에서 받은 경영 장려금뿐 아니라 원종국이 가지고 있던 자금도 모두 투입된 상황이었다.

실패는 절대로 인정할 수 없었다. 분명히 무슨 문제가 있는지 찾아서 돌파해야 했다.

STT 푸드트럭의 영업 상황은 10여 일이 지나서 고진필이 인사차 들렀을 때도 상황은 비슷했다. 아침부터 점심까지 매출이래야 10명도 안 되는 손님이 다녀간 게 전부였다. 그렇다고 주위에 경쟁이 많은 것도 아니었다. 푸드트럭을 새롭게 오픈한 곳은 대학을 끼고 있는 주택가 입구였다. 대학생들이 많고 저렴한 주거지를 찾아 온 젊은 직장인들도 많은 지역이었다. 유동 인구만으로 본다면 상권은 그다지 나쁘진 않았다.

"영 시원치 않습니다. 10일짼데 크게 변화가 없네요."

푸드트럭 차양 밑에 들어선 고진필을 위해서 원종국이 커피 한 잔을 건

네며 힘이 빠진 목소리로 말했다.

"거 참 큰일이네. 초반에 바람을 확 일으켜야 되는데. 여기는 대학교 앞이라 학생들이 많겠네, 그죠?"

"저도 그렇게 생각했는데 그렇지도 않아요. 대학생들은 거의 없고 직장인으로 보이는 사람들이 더 많은 것 같네요."

"뭐 좋은 방법 없나? 원사장님의 토스트 가게에 불이 나게 할 방법이."

고진필은 위로라도 할 양으로 목소리를 높였다.

"일단 여기서 하다가 안 되면 다른 자릴 알아 봐야지요. 푸드트럭의 장점이 그거 아닙니까? 필요에 따라서 시장을 찾아갈 수 있다는 거 말입니다. 며칠 더 해보고 안 되면 자리를 옮기려고 생각 중입니다."

그 때 저만치 승용차가 다가와 멈췄다. 윤성국 사장이었다. 부리나케 뛰어와 고진필과 악수를 나누던 윤성국은 들떠 있었다.

"원사장님, 제가 생각을 잘못 한 것 같습니다. 상권에 따라서 메뉴를 검토해야 하는 건데 그게 잘못된 것 같습니다."

"무슨 소리야? 뭘 잘못했다고?"

대꾸도 못하고 있는 원종국보다 고진필의 반응이 좀 더 빨랐다.

"주위 상권을 구성하는 고객층에 따라 메뉴를 변경할 필요가 있을 것 같다는 생각이 들었습니다. 저는 STT 토스트의 고유의 맛을 지키려고 했습니다만 그건 제 생각일 뿐이죠."

며칠을 고민하던 윤성국은 그 날 오후가 되어서야 이유를 깨달았다. 자신이 처음으로 푸드트럭을 오픈했던 지역은 금융 관련 업종이 많은 오피스 빌딩 근처라 대체로 여직원들이 많고 남자 직원들도 젊은 층이 많았다. 그들의 요구는 깔끔한 것, 맛있는 것 위주였다.

그러나 지금 원종국이 오픈한 지역은 대학생이나 젊은 직장인 거주 지역으로 주로 젊은 대학생과 산업단지에서 근무하는 젊은 직원들이 주 고객이었다. 이들은 깔끔한 것도 원하고 무엇보다 양이 많아야 한다는 사실을 깨달은 것이다.

STT 토스트가 판매하는 현재 메뉴 구성으로는 그들의 배를 채울 수가 없었던 것이다. 토스트와 어울리고 배부를 수 있는 메뉴가 뭘까? 대학생들의 입을 사로잡을 만한 아이템을 찾는 것이 급선무이다.

"그러네. 듣고 보니 일리 있는 말이긴 한데, 그럼 어떤 메뉴가 잘 될까?"

고진필이 궁금한 것을 못 참겠다는 듯이 윤성국을 바라보았다.

"그건 아직 저도 잘 모르겠습니다. 해결 방법이 없네요. 토스트와 어울리고 대학생들이 좋아할 만한 아이템은 뭐가 있을까요?"

> 신제품을 만든다는 것은 기존의 제품을 변화시키는 것보다 더욱 힘든 작업이다. 어렵게 제품을 출시해도 고객의 선택을 받는다는 것은 참 어려운 일이다. 제품을 개발할 때는 고객의 눈높이로 다가가야 한다. 개발자의 기술을 자랑하기 위한 것이 아니라 고객이 필요로 하는 상품을 만들어야 한다.

고진필은 회사에 플라스틱 사출 설비를 도입했다. 성공으로 가는 계단에서 제공하는 경영 장려금을 계기로 그동안 고민하던 설비를 도입하기로 결정했던 것이다.

㈜피에프티는 설비 도입과 함께 기업부설 연구소 설치를 본격화했다. 지속적인 성장을 위해서는 다양한 제품과 기술을 보유하고 있어야 한다는

것은 모두가 알고 있는 자명한 사실이었다. 회사의 규모가 작다고 언제까지 기다릴 수는 없는 일이니 할 수 있을 때 하자고 의견을 모았다.

고진필을 비롯한 다섯 명의 직원들이 이공계 대학교 출신이라 어렵지 않게 산업기술진흥협회에 기업부설 연구소 등록을 마칠 수 있었다.

고진필은 이와 함께 회사의 변화를 실현하기 위하여 김영국 부장을 이사로 진급시켰다. 창업부터 같이 일해 온 김영국을 중심으로 회사의 전반적인 경영 체제를 공격적으로 갖출 필요가 있었다.

성장의 힘이 필요한 시기였다. 자꾸만 남의 제품만 만들고 있다가는 절대로 성장할 수 없다. 고진필은 그동안 주위에서 들었던 다양한 기업의 사례를 토대로 회사의 성장 모델을 그리기 시작했다.

5년 후 회사의 모습은 전혀 새로운 형태의 기업이 되어야만 한다. 똑같은 제품을 매일 만들고 매일 똑같은 고객을 만나고 매일 똑같은 것만 본다면 5년 후의 모습도 똑같을 수밖에 없다.

고진필은 김영국과 함께 새로운 ㈜피에프티의 미래를 그렸다. 새로운 미래의 모습을 위해 할 일을 정리하고 일정에 맞추어 진행하기로 마음먹었다. 그 일환으로 기업부설 연구소를 설치한 것이다.

그로부터 얼마 후에는 ISO 9001 품질경영시스템을 확보했다. 원래 자동차 관련 산업에서는 ISO/TS 16949 라는 규격을 인증 받아야 하지만 규모가 작은 기업의 경우에는 ISO 9001 품질경영시스템으로도 충분히 기술을 입증할 수 있다.

'시스템'은 기업의 운영이 CEO에 의해서 이루어지는 것이 아니라 조직 구성원 모두에 의해서 이루어진다는 사실을 보여주는 말이다. 시스템을 구축한 기업은 시스템을 기반으로 성과를 내고 업무가 이루어진다.

시스템의 구성이나 표준화에 어려운 기업들은 이러한 표준을 활용하는 것도 좋은 방법이 될 것이다. 기업은 기술에서부터 제품력에 이르기까지 모든 것이 균형 있게 발전해야 성장할 수 있다.

기업의 성장은 CEO가 만드는 것이 아니라 고객에 의해서 만들어지는 것이다.

데이비드 장이 뛰어난 바리스타였기에 커피프랜즈 2호점의 커피 맛은 이미 정평이 났다. 2호점을 개점하고 3개월이 지나자 매출액과 고객 수가 안정적인 수준까지 늘었다. 이경희는 이틀에 한 번씩 2호점을 찾아 필요한 부분을 지원하고 사이드 메뉴의 고객 반응을 살펴 보았다.
매장이 안정을 찾아가자 이제는 이경희 사장이 혼자서 다 돌아보기 어려워질 정도로 규모가 커졌다. 황보승훈이 매장에 들른 저녁 시간에 이경희는 은근히 남편인 황보승훈의 의향을 물었다.
"여보, 이제 우리도 애기 가져야 되는 것 아니야?"
그동안 일하느라 미뤄둔 2세 이야기였다. 그도 그럴 것이 결혼 후 2년 가까이 되다 보니 양가 부모님들의 아기 얘기가 잦아졌다. 더 늦기 전에 자녀를 가져야겠다는 생각을 하게 된 것이다.
"그렇기도 하지. 그렇지만 일은 어떡하고?"
황보승훈은 그리 심각하게 생각해 본 적이 없는지 아무렇지 않게 대꾸했다.
"이 참에 당신이 카페 경영하는 것이 어때? 점포가 2개니까 나 혼자 하는 것도 힘들어. 당신이 하는 편이 좋을 것 같아."
"생각해 보자. 당신도 알다시피 내가 커피를 그렇게 좋아하는 게 아니잖아? 커피 사업이야 당신이 좋아서 시작한 일인데, 왜 내가 해야 하지? 난 좀 그러네."

"그래도 이제는 우리 사업이야. 자꾸 좋으네 싫으네 할 일은 아닌 것 같은데."

이경희는 황보승훈의 태도가 마음에 들지 않는지 살짝 짜증을 냈다. 어차피 같이 시작한 일이고 이젠 규모를 더 키울 수 있는 기회인데 여기서 멈출 수는 없지 않은가 말이다.

"그리고 난 또 하고 싶은 사업이 있어. 인테리어 소품을 판매해볼까 해."

"또 뭘 하려고? 이제 그만 해라. 매장하기 힘들다고 나보고 하라면서 또 다른 사업?"

기가 차는지 황보승훈이 콧방귀를 끼며 고개를 돌렸다.

"인테리어 소품은 인터넷으로도 충분히 판매할 수 있는 일이라 애기 낳고도 할 수 있어. 그리고 내가 생각한 아이템들을 커피 매장에 진열해서 광고를 하고 판매는 인터넷으로 하면 두 가지 사업이 시너지도 있을 것 같애."

산 넘어 산이었다. 커피 전문점을 처음 시작할 때부터 활동적인 이경희였다. 처음 사업을 시작한 것도 두 사람의 결혼 자금을 굳이 쓸 필요가 없다던 이경희 때문에 시작한 일이었다. 이경희의 주장대로 결혼 자금이 곧 사업자금이 되었던 것이다. 이경희는 한 가지 사업이 안정되자 또 새로운 일에 대한 도전을 하고 싶은 모양이었다.

황보승훈은 이미 알고 있었다. 말려도 어쩔 수 없이 하게 될 것이다. 그리고 지금의 커피 전문점도 이만큼 일구어낸 걸 보면 어쨌든 경영능력이 있는 이경희임에 분명하다.

결국 한 달쯤 지나서 황보승훈은 ㈜미래산업에서 퇴사했다. 고진필과도 상의를 했는데 고진필은 퇴사에 찬성했다. 이미 사업에 발을 들여 놓은 두 사람의 장래를 위해서는 전적으로 사업에 투자하는 편이 나을 거라는 조언도 했다. 황보승훈이 가지고 있는 기업에서의 경험을 토대로 안정적인 경영시스템을 구축하는 것이 필요한 시기라는 것이 고진필의 의견이었다.

황보승훈이 커피프랜즈의 경영에 전념하기로 하자 이경희는 가정에서 사용하는 커튼의 걸쇠를 개발했다. 매년 계절마다 커튼을 걷어서 빨아야 하는 주부들의 불편을 해소하기 위해 커튼과 커튼 지지봉을 고리 없이 걸 수 있도록 하는 제품을 만들어낸 것이다.

이경희의 시제품을 본 박영진 실장은 중소기업청에서 지원하는 아이디어 상품화 사업에 도전해 볼 것을 권했다.

이경희는 박영진 실장의 권유에 따라 아이디어 상품화 사업을 통해서 시제품을 제작하고 특허까지 획득하였고 이 제품은 시장에서도 좋은 반응을 얻기 시작했다. 위탁생산을 통해서 제품을 제조하고 인테리어 업체에 납품까지 했다. 이경희는 커피프랜즈에 숍인숍(shop-in-shop)으로 점포를 개점했다. 대상은 커튼 걸쇠를 비롯한 페브릭 제품으로 이경희가 평소 관심이 있던 아이템들을 인테리어도 할 겸해서 전시했다. 인테리어 제품을 본 고객들의 판매 요청이 생기자 개인 소비자에게 판매하기로 방향을 잡았다.

처음에는 관심만으로 시작된 아이템이 어느새 어엿한 하나의 기업으로 성장하고 있었다.

하루하루를 새롭게 바꾼다. '일신우일신'(日新又日新)
시장의 변화에 대응하라. 고객이 변하지 않으니 내가 변해야 한다.

원종국은 눈을 질끈 감았다가 떴다. 중요한 순간이다. 오늘의 매출액이 담긴 금고를 개봉하는 순간이다. 저녁 일곱 시가 되자 하루 영업을 마감하고 STT 토스트 매장으로 돌아온 원종국은 윤성국과 김은철 매니저가 보는 앞에서 금고를 개봉했다. 금고에는 동전과 함께 만 원짜리와 천 원짜리 지폐가 엄청나게 쏟아졌다.

"와, 원사장님. 이거 진짭니까? 아니 이렇게 매출이 많이 올랐습니까?"

김은철이 탄성을 지르며 목소리를 높였다. 그도 그럴 것이 삼일 전만 해도 매출이 10만 원도 안 되었기에 놀라움은 더 했다.

"어떻게 된 일입니까? 어제도 별로라고 하시더니."

윤성국이 덩달아 흥분된 목소리를 감추지 못했다.

"윤사장 말이 딱 맞았어. 지난 번 대학교 앞에서 장사가 안 돼서 며칠 전부터 자리를 옮겼거든. 알아보니까 새로 개발된 산업단지가 하나 있더라구. 그래서 그쪽으로 갔지. 그 쪽은 아직 분식점이나 음식점이 없고 나처럼 푸드트럭을 하는 친구가 하나 있어서 내가 산업단지 진입로 쪽을 집중 공략했지. 근데 가만히 보니 공장마다 간식시간이 있어. 빵 하나에 우유 하나 이런 식으로 말이야. 그래서 내가 근처에 있는 회사를 찾아 가서 영업을 했지. 간식 시간에 맞추어 토스트와 우유를 공급해 주면 어떠냐고 말이야."

"허허, 역시 원사장님은 영업의 귀재십니다. 그럼 토스트를 들고 공장마다 간식 납품을 하셨다는 말씀입니까?"

"아니 납품이 아니라 이동 푸드트럭의 진면목을 보여줬지. 간식시간에 맞춰서 회사 주차장에서 직접 만들어서 공급했거든. 모두 좋아해. 따뜻한 토스트를 간식으로 주니 너무 좋아해. 그래서 아예 몇 군데 계약을 했어. 일주일에 한 번씩 가기로."

"그럼 고정 매출이 생긴 거네요? 이야, 원사장님 영업 능력은 정말 상상을 초월하는군요. 점포 영업은 원래 기다리는 영업인데 찾아가는 영업으로 바꾸셨군요."

윤성국이 정신없이 박수를 쳤다. 단성을 연발하던 김은철도 덩달아 박수를 치면서 원종국과 하이파이브를 했다.

역시 발상의 전환이 주효했다. 처음 영업을 시작했던 지역에서 매출이 오르지 않자 원종국은 자신이 직접 시장을 개척해 보겠다고 나섰다. 아침에 토스트 매장에 와서 재료를 실은 다음 자신이 검색한 지역에 가서 장사를 해 보겠다는 것이었다.

사실 윤성국은 큰 기대를 하지 않았다. 상권 분석이 하루 아침에 되는 것도 아니고 그렇다고 원종국이 이렇게나 멋진 시장을 잡아 오리라고는 생각하지 않았던 것이다. 토스트 시장에 대해서는 잘 몰랐던 그였지만, 역시 시장 개척을 위한 영업에서 남다른 감각을 지닌 것만은 확실했다.

"그래서 말인데, 윤사장. 푸드트럭을 한 대만 더 운영하면 어떨까? 내가 영업을 더 많이 해서 기업 쪽으로 간식 납품을 해 보면."

원종국의 말에 생각에 잠겨 있던 윤성국이 자신에 찬 목소리로 대답했다.

"예, 가능하겠는데요. 지금 원사장님의 말씀을 들으니 전혀 다른 토스트 소비 시장을 만들어 내신 것 같습니다. 한 번 추진해 보겠습니다. 지난번에 성공으로 가는 계단에서 받은 운전 자금도 조금 여유가 있고 하니 충분히 가능할 겁니다. 바로 푸드트럭 2호점 개점이네요."

윤성국은 두말 없이 원종국의 의견에 동의했다.

사람이라면 누구나 자신만의 세계에 갇혀 있다. 자기가 겪었던 세계 밖에 모르는 것이다. 그러나 이처럼 서로 다른 두 개의 세계가 만나서 새로운 것을 만들어 내는 것이 바로 융합이고 창의성이다. 앞으로의 경영 환경은 새로운 융합과 창의를 요구할 것이다.

그 날부터 윤성국은 일단 푸드트럭을 직영점 형태로 운영하기로 했다.

6개월간 푸드트럭을 활용해서 영업한 다음 매장을 오픈하기로 계획을 세웠다.

며칠 후 윤성국과 원종국이 정신없이 푸드트럭 2호점을 준비하고 있는데 성공으로 가는 계단의 박영진이 이른 오전 시간에 STT 토스트 매장에 나타났다.

"윤사장님, 잘 지내셨습니까?"

"아니 박영진 실장님께서 어쩐 일이십니까? 연락도 없이."

"상의할 게 있어서 찾아뵈었습니다."

깜짝 놀라 자신을 맞이하는 윤성국에게 박영진 실장은 자신이 찾아 온 이유를 설명했다. 이유인 즉 윤성국이 추진하고 있는 푸드트럭 프랜차이즈에 관심을 보인 사람이 있다는 것이었다. 그 말을 듣자 박영진의 옆에 있던 사람이 눈에 들어왔다. 젊어 보이는 사람이었는데 어딘지 눈에 익었다. 그 사람은 현재 CEO 경영 아카데미의 수강생이라고 했다.

"안녕하십니까? 조중현입니다. 잘 부탁드립니다."

"혹시 지금도 프랜차이즈 가맹점 모집하고 계시면 한번 상담이라도 해보자고 모시고 왔습니다."

박영진이 조중현을 거들어 주었다. 박영진 실장의 말끝에 조중현의 소개를 덧붙였다.

"추가로 소개를 드리면 조중현씨는 작년에 돌아가신 조해석 선생님의 자제분입니다."

"아, 그랬구나."

그제서야 윤성국의 어렴풋한 기억이 명확해졌다. 어딘지 눈에 익다고 생각했던 그의 얼굴에는 조해석 선생의 얼굴이 담겨 있었다.

조해석은 윤성국, 고진필과 같이 CEO 경영 아카데미를 수강했었다. 그러나 강좌 진행 중에 CEO 경영 아카데미를 그만두었다. 그리곤 얼마 후 금융 사기단에게 속아서 가지고 있던 사업 자금을 모두 날리고 결국에는 자살을 택했다. 그가 죽고 나서 가족들의 고통이 말이 아니었다. 가진 돈을 모두 금융 사기로 잃고 거기다가 빚까지 지는 바람에 온 가족이 뿔뿔이 흩어지고 아들 조중현도 다니던 직장을 그만 둘 수밖에 없었다고 했다.

그런데 한 가지 특이한 것은 조해석이 남긴 문자 메시지였다. 죽기 얼마 전 아들 앞으로 보낸 휴대전화 문자 메시지에는 CEO 경영 아카데미의 박영진 실장을 찾아가 보라는 글이 있었다고 했다. 조해석이 퇴직한 후 만났던 사람 중에서 유일하게 투자를 말렸던 사람이라며 아들에게 찾아가 보라고 했다는 것이었다.

조중현은 이제 갓 30대 초반의 나이였지만 힘든 일을 겪어서인지 얼굴에 드리워진 그늘 때문에 나이보다 훨씬 더 늙어 보였다. 꾹 다문 입술은 무슨 일이라도 할 것 같은 의지가 보였다.

"윤사장님께서 중현씨에게 기회를 한 번 주시면 어떨까 해서 찾아왔습니다. 물론 창업자금이 전혀 없는 상태라 프랜차이즈라기보다는 직원으로 채용해서 훈련을 받는 것도 좋을 것 같다는 생각입니다."

"역시 박실장님의 선견지명은 대단하십니다. 제가 지금 딱 젊은 직원이 필요한 시점이거든요. 제가 재밌는 거 하나 말씀 드릴게요."

윤성국은 원종국이 하고 있는 푸드트럭을 이용한 기업을 대상으로 한 영업을 설명해 주었다. 다 듣고 나서 박영진은 손뼉을 치더니 고개를 끄덕였다.

"역시 원사장님은 영업의 달인이십니다. 달인."

"예, 그렇다니까요. 어떻게 그런 생각을 하셨을까요? 대단하시죠. 중현씨도 일단 저희 매장에서 한 달 정도 훈련을 받으시고 푸드트럭에 도전해 보면 어떨까요?"

"감사합니다. 너무 감사합니다."

조중현은 허리를 숙이며 인사했다. 그것은 빛이었다. 힘들고 거친 들판길을 걸어가는 그에게 길잡이가 되어주는 한줄기 빛.

연신 고개를 숙이고 있는 조중현의 뒤에서 박영진이 널찍한 어깨를 토닥여 주었다.

사라진 제품, 그래도 수출을 꿈꾼다. 힘들 줄 알고 있었으니 견뎌내야 한다.

㈜코스메티카에서 베트남에 보낸 물건이 현지에 도착하고 일주일이 지나도록 제품 대금이 입금되지 않고 있었다. 김종일은 출근하자마자 유형선 이사를 불러 베트남 현지 수입업체에 확인해 보도록 지시했다.

한참동안 전화를 붙들고 있던 유이사가 어두운 얼굴로 김종일에게 왔다.

"사장님. 연락이 닿질 않습니다. 베트남 수입업체 사장이나 담당 직원들 전화가 모두 불통입니다."

"뭐라구요?"

김종일은 엉덩이를 불에 데인 사람처럼 튕겨져 일어났다.

"무슨 말씀이세요? 어제도 통화하셨다면서요?"

김종일은 애원조로 이야기하며 힘없는 얼굴로 유형선을 바라보았다.

"예, 어제도 그쪽 사장과 통화했습니다. 어떤 일이 있어도 어제까지 대금을 송금하겠다고 했었습니다. 그런데 아침에 확인해보니 입금이 안 되어 있길래 연락했는데 사무실 전화도 휴대폰도 모두 통화가 안 됩니다."

"이거야 원?"

김종일은 다리에 힘이 풀리며 털썩 의자에 앉았다.

예감이 좋지 않다. 지난 번 선입금액을 60%에서 40%로 낮추자고 할 때부터 이미 조짐이 있었다. 유형선 이사가 말릴 때 선적을 포기했어야 했는데… 후회만 밀려왔다. 전체 제품 판매 대금의 40%는 선입금이 되어 있지만 그래봐야 원가에도 한참 못 미치는 금액이다. 이대로 제품대금을 회수하지 못하면 손실액은 1억 원이 훨씬 넘을 것이다.

"이사님, 일단 베트남으로 가 보십시다. 일단 가서 찾아야 되지 않겠습니까?"

김종일은 떨리는 목소리로 유형선 이사를 향해 느리게 입을 열었다. 애절했다. 어떻게 지금까지 버텨왔는데 만약 여기서 잘못된다면 버텨낼 수 있을까? 예전 CEO 경영 아카데미에서 들었던 박영진 실장의 첫 번째 강의가 귓속을 울렸다.

"여러분의 목표는 성공이 아니라 버티는 것입니다."

김종일은 속으로 울었다.

'수출이 되고 길이 생기니 너무 흥분했던 것이다. 돌다리도 두드려보고 천천히 건너라고 했는데.'

김종일은 매출에만 너무 집착한 나머지 아무것도 볼 수 없었던 것이다.

"사장님. 일단 제가 베트남에 아는 사람을 통해서 경찰에 수사 의뢰를 하겠습니다. 지금 사장님이 간다고 해도 뾰족한 수가 없잖습니까? 경찰 수사를 보면서 결정하도록 하시죠."

유형선은 침착한 목소리로 말했다.

그 말이 맞다. 만약 계획적으로 진행된 사기극이라면 지금 가봐야 아무것도 찾을 수 없다. 일단 현지 경찰에 수사를 의뢰해 보는 것이 순서였다.

유형선 이사는 베트남의 지인을 통해서 지난번에 찾아 갔던 주소지를 확인하고 현지 경찰에 신고해 주도록 요청했다. 오후가 돼서 베트남에서 온 연락은 역시 예상대로였다. 지난번 김종일과 유형선이 방문했던 베트남 현지 판매 회사는 이미 빈 사무실이었고 그들의 행방은 찾을 수 없다는 연락을 받았다. 경찰에 수배 요청은 했지만 ㈜코스메티카의 물건은 이미 전국의 판매점으로 팔려 나갔고 너무 많은 곳에 흩어진 상태라 회수도 불가능한 상황이었다.

개인에서 조직으로 성장하는 CEO. 기업은 CEO의 성장을 기다린다.
이경희 사장의 새로운 회사가 오픈한 것은 가을 바람이 불기 시작한 9월 말이었다. 이경희는 결국 커피프랜즈의 경영을 황보승훈에게 맡기고 커튼과 인테리어 소품을 판매하는 인터넷 쇼핑몰을 창업했다. 전혀 다른 분야의 사업을 시작한 것이다. 사무실을 얻은 것은 아니다. 커피프랜즈 1호점의 한쪽 귀퉁이에 숍인숍(shop-in-shop) 형태의 전시장을 만들고 인터넷 주문을 처리하기 위한 컴퓨터 두 대를 추가로 설치했고 매장 옆에 작은 사무실 하나를 임대하여 창고로 쓰기 시작했다. 직원도 없이 시작한 새로운 사업이었다.
황보승훈은 말렸다. 두 사람은 계획대로 아기를 가지기로 했으니 육아에만 전념했으면 좋겠다고 했지만 이경희의 고집을 꺾을 수 없었다. 인터넷 쇼핑몰은 나중에 아이 낳고도 충분히 할 수 있는 일이니 해 보겠다고 고집을 부렸다.
쇼핑몰의 상호는 '나의 보금자리'로 정했고 일은 시작되었다. 인터넷 쇼핑은 어떻게 될지, 무슨 일들이 일어날지 알 수는 없지만 지금까지 해 왔던 경험이라면 충분히 할 수 있는 일들이라고 생각되었다.
황보승훈은 커피프랜즈 1호점의 매출을 위해 적극적인 관리를 시작했다.

주위의 대형 브랜드 프랜차이즈 매장과 경쟁해야 했으므로 넋 놓고 기다릴 수는 없었다. 고객 유치를 위한 공격적인 마케팅을 추진했다.

고객 예약제를 확대하고 매장에 라이브 공연을 할 수 있는 무대도 설치했다. 음악 동호회 모임을 유치해 연주회 장소를 제공했다. 음악 동호회들은 무료로 제공되는 공간이 있어서 좋고, 커피프랜즈는 라이브 공연을 통해서 새로운 고객들이 오게 되어서 서로 윈-윈(win-win)할 수 있게 되었다.

대형 브랜드 커피 전문점을 찾던 기존의 고객들도 진짜 커피 맛을 표방한 커피프랜즈를 다시 찾아왔고 음악을 좋아하는 이들까지 모여 들자 커피프랜즈에는 다시 손님이 북적였다.

데이비드 장이 운영하는 커피프랜즈 2호점은 직원들과 함께 독자적으로 운영하게 되었다. 데이비드 장은 자신만의 색깔을 가진 커피를 만들어 냈고 매주 정기적으로 커피 시음회를 하면서 커피 매니아들이 더욱 많이 모여 들었다. 데이비드 장은 커피 시음회에서 커피 산지, 로스팅, 추출 방법에 따른 커피 맛의 변화를 설명하고 직접 맛도 볼 수 있게 하자 고객들의 반응이 상당히 좋았다.

황보승훈은 두 매장의 매출이 안정을 찾아가자 한 대학교의 최고 경영자 과정에 입학했다. 이제는 경영자로서 공부가 필요하다고 생각했다.

경영자는 경영에 대한 공부를 게을리 해서는 안 된다. 하다보면 되겠지라는 생각은 이제 버려야 때이다.

오늘도 새로운 시작, 내일은 또 다른 시작

고진필은 사장실로 들어섰다. 처음으로 갖게 된 사장실이다.

최근 보름 동안 정신이 없었다. 생산 물량이 점점 늘어나자 ㈜피에프티는 회사를 이전해야 했다. 지난 번 보다 2배 정도 넓은 공장을 임대해 자리를 옮겼다. 모두들 힘들어 하는 시기에 성장해서 공장을 옮기니 뿌듯하기도 하지만 한편으로는 두려움도 커졌다. 종업원도 늘어나고 생산 설비도 늘어나고 CEO로서 책임감도 커졌다.

김영국 이사가 따라 들어왔다.

"어떻습니까? 대표이사실이 마음에 드십니까?"

김영국의 활기찬 목소리가 너무 정겹다. 환히 웃고 있는 그를 보자니 처음에 함께 창업하기로 하고 머리를 맞대며 고민하던 국밥집에서의 기억이 떠올랐다. 그때의 치기 어린 창업으로 얼마나 많은 일을 겪고 있는가? 앞으로도 넘어야 할 산은 많겠지만 그래도 이렇게 든든한 사람이 옆에 있으니 얼마나 좋은가.

"좋지. 그런데, 김이사. 이거 사장실이 너무 큰 것 아닌가? 조그만 회사 사장이 너무 대단하게 해 놓고 있으면 사람들이 욕할 텐데."

"이 정도는 괜찮습니다. ㈜피에프티가 작은 회사입니까? 머잖아 100억 원대의 매출을 기록할 텐데요."

"이 사람이 농담도. 100억 원이라, 언제쯤 100억 원의 매출을 달성할 수 있을까?"

 고진필은 웃고 있었지만 당연히 할 수 있을 거라는 걸 알고 있었다. 지금의 직원들과 함께 열심히 일한다면 머지않은 장래에 충분히 도달할 수 있다는 걸 알고 있었.

새로운 회사에는 직원 식당과 회의실 등이 별도의 공간으로 마련되어 있어서 이제 제법 회사의 모양이 갖추어졌다. 거기다가 생산 설비의 추가 도입으로 다양한 제품을 생산할 수 있게 되었다. 새로운 세계로의 도전을 시작한 순간이었다.

얼마 전 기술연구소에서는 건축용으로 활용할 수 있는 배관 부품을 개발하여 특허를 신청하는 성과를 냈다. 이제 ㈜피에프티의 이름으로 제품을 생산할 날도 멀지 않았다.

"사장님, 오후에 직원 면접 있는 것 아시죠?"

"그게 오늘인가?"

"예, 오늘은 3명쯤 채용해야 합니다. 생산과 품질, 연구개발 부분에 인력이 필요합니다. 사장님 말씀대로 6개월 정도 앞서 채용하기 때문에 인건비는 조금 더 들지만, 직원들의 업무 능력향상이나 융화에는 많은 도움을 주는 것 같습니다."

"그래, 좋은 사람들이 좋은 회사를 만드는 거지."

'사람이 답이야, 사람이.'

이동호 회장의 말이 생각났다.

김영국이 면접자의 이력서를 보여주며 물었다.

"오늘도 지난번처럼 현장에서 작업부터 시작합니까?"

"아니 오늘은 몇 명이나 오나?"

"예, 10여 명쯤입니다."

"그럼, 데리고 어디 호프집에 가세. 오늘은 생맥주 면접 한 번 해보면 어떨까?"

"예? 생맥주 면접이요?"

"그래. 가서 맥주 빨리 마시기 해서 순위별로 뽑자구. 어때?"

"에이, 사장님. 농담도 그렇게 하시면 안 됩니다. 사람들이 웃습니다. 직원 채용하는데 맥주 빨리 마시기 대회를 하는 회사가 어디 있습니까?

김영국 이사의 웃음소리가 크게 들렸다. 그러나 고진필은 정색을 했다.

"아니야. 농담이 아니야. 진짜로 그렇게 할까 하는데? 지난번에 채용한 직원들 일 잘하지?"

"예, 잘합니다. 모두 확고한 생각이 있는 친구들이라 그때는 참 잘 뽑았죠. 그래서 저는 이번에도 지난번과 같이 하는 게 어떨까 생각했습니다."

지난번에는 면접에 참석한 사람들을 생산현장에 다짜고짜 투입해서 이탈하지 않고 묵묵히 일을 해낸 인원들만 채용했던 기억이 있었다.

"어차피 뛰어난 친구들은 우리처럼 작은 중소기업에 안 와. 큰 회사만 찾지. 우리는 열심히 일할 사람이 필요해. 능력은 조금 떨어져도 훈련시키면 되니까. 맥주도 빨리 마시기를 하면 아마 우리 회사에 꼭 오고 싶은 사람이나 아니면 진짜 일자리가 필요한 사람만 참여할 거야. 그걸로 충분하다고 생각해."

고진필의 설명에 김영국은 고개를 끄덕였다.

"일하자. 새로운 공장에서 처음으로 해야 하는 일이 새로운 사람을 뽑는 일이구나. 면접자들 이력서 줘 봐. 한번 훑어보게."

고진필은 사장 의자에 앉아서 책상을 손으로 쓸었다.

항상 우리의 새로운 시작은 준비되어 있다. 누구나 할 수 있는 시작이지만 끝은 다르다. ㈜피에프티의 끝은 어떻게 될까?

끝이 없이 영속하는 기업. 그것이 창업자들이 바라는 성공한 기업이 아닐까?

창업한 CEO조차도 알 수 없다.

항상 새로운 시작만 있다.

오늘도 새로운 시작, 내일은 또 다른 새로운 시작.

시작을 위한 준비가 우리의 몫으로 항상 남아있다.

에필로그

　　고진필 사장의 ㈜피에프티는 자동차에 사용되는 플라스틱 부품을 생산하는 기업이다. 플라스틱 부품은 여러가지 아이템과 점차 다양해지는 기술로 인하여 눈부시게 성장하고 있다. 자동차 부품을 생산하는 기업들이 사업 영역을 확장하는 경우가 있다. 전자부품 또는 건축자재, 또는 일반 소비품 등으로 확장하는 CEO들에게 물어보면 한결같이 '돈벌이가 예전 같지 않아서'라고 답한다. 자동차 부품 산업뿐이겠는가? 모든 산업의 영역들이 예전보다 돈벌이가 시원찮다.

　그 때 내가 말한다.

"그래도 사장님은 계속 생산할 수 있으니까 좋으신 겁니다."

　최근 세계적인 경제 불황으로 일부 산업은 거의 고사(枯死) 위기에 있다고 한다. 조선업의 경우에는 그 영향이 더 크고 건설업체의 부도 소식들이 들려온다. 금융기관들도 몸집 줄이기에 나서는 바람에 명예퇴직 신청을 받는다는 기사가 신문에 실린다.

　도대체 누가 잘못한 것인가?

　누구의 잘못도 아니다. 자신의 잘못일 뿐이다. 호황일 때 너무 흥청

망청 썼기 때문일 수도 있고 변해가는 경제 현황을 넋 놓고 보고만 있었기 때문일 수도 있다.

이런 말이 있다.

"사양 산업은 있어도 사양 기업은 없다."

최근 공인중개사를 폐업하시는 분들이 많다고 한다. 부동산 경기가 하락하고 공인중개사 자격 소지자가 많아지면서 개점휴업인 곳도 많다고 한다. 심지어는 사무실 임대료를 내지 못해서 문을 닫는다고 한다. 그러나 한 쪽에서는 전원주택이나 공장부지, 경매나 공매 등으로 영역을 넓힌 공인중개사들이 예전보다 훨씬 많은 수입을 올리는 분들도 있다.

그냥 죽겠다는 말만 되풀이해서는 변화가 없다. 다시 살아날 가능성도 없다. 시대적으로 생각의 변화를 요구하고 있기 때문이다.

사람들도 지쳤다. 그래서인지 요즘은 전원생활을 꿈꾸는 사람들이 많고 귀농인구도 폭발적으로 증가한다고 한다. 심지어는 농촌의 땅 값이 너무 올라서 귀농도 돈 있는 사람이나 한다는 말까지 나돌 정도다.

급하게 가기 보다는 쉬었다 가는 것이 필요하다.
창업도 지금 당장 보다는 6개월 후에, 혹은 1년 후를 내다보고 지금부터 준비하여야 한다. 오랫동안 준비한 창업은 망하지 않는다. 꼼꼼하게 준비해서 실패하지 않는 기업을 만들어 가기를 기도한다.

고진필은 공장도 넓히고 설비도 더 늘이는 등 안정적인 성장을 하게 된다.
윤성국의 토스트 전문점은 푸드트럭 프랜차이즈로 성장했다.
황보승훈, 이경희 커플의 커피프랜즈는 황보승훈이 커피 전문점 경영으로, 이경희는 쇼핑몰 사업을 하면서 사업 분야를 확장했다.
김종일이 운영하는 ㈜코스메티카의 화장품 사기 사건은 결론을 맺지 않기로 했다.

창업하는 모든 분이 100년을 영속하는 기업이 되면 얼마나 행복할까 마는 현실이 그렇지 않다는 것을 깊이 생각하고 영속하는 기업이 되기 위한 공부를 계속 해나가기를 바란다.

논어(論語) 선진(先進)편에 보면 공자가 제자들에게 물었다.
"사람들이 자신을 알아주지 않는다고들 하는데, 만일 누군가 알아 준다면 어쩔 참이냐?"
그 때 증석(點)이 답했다.
"봄옷이 다 지어지면 어른 대여섯, 아이들 예닐곱과 함께 기수에서 몸을 씻고, 무에서 바람 쐬다 노래 읊으며 집으로 돌아오고 싶습니다."
'한글세대가 읽는 논어'(문학동네, 2002)를 쓴 배병삼 교수님은 이것을 욕(慾, 욕심)에서 심(心)이 제거된 욕(欲, 필요)으로써의 삶이라고 평하셨다.

CEO도 다르지 않다. 자신의 회사를 사람들이 꼭 알아줘야 하는 것이 아니다. 주어진 상황에 맞도록 심사숙고하여 현실에 맞춰서 경영해 가야 한다.
주위에서 누가 어떻더라, 누가 사업을 확장했으니 나도 해야지 하는 것은 욕심이다.

모든 흥망은 욕심에서 온다고 했다.
흥하는 욕심과 망하는 욕심의 차이는 보편타당한 가치다.
나의 욕심이 보편타당한 것이라면 그것은 열정이 될 것이다. 그러나 오로지 욕심과 거들먹거림이라면 건방짐이 되고 만다.
자신의 처지를 객관적으로 바라보고 한걸음씩 성장하는 기업이 되기를 바란다.

이 책을 읽는 모든 경영자들이 100년을 영속하는 기업이 되기 위한 공부를 계속 해나가기를 바란다.